Rainer Türk

# Wanderungen im Mittleren Odenwald

## Ausgesuchte Wanderungen im Geo-Naturpark Bergstraße-Odenwald

**Rainer Türk**, Affolterbach, Gemeinde Wald-Michelbach. Hauptwegewart und ehrenamtlicher Mitarbeiter im Geo-Naturpark Bergstraße-Odenwald und im Naturpark Neckartal-Odenwald. Autor zahlreicher Wegebeschreibungen und Wanderbücher sowie Bearbeiter der topographischen Freizeitkarten 1:20 000 des Odenwaldes.

**Bibliografische Information Der Deutschen Bibliothek**
Die Deutsche Bibliothek verzeichnet diese Publikation in der Deutschen Nationalbibliografie; detaillierte bibliografische Daten sind im Internet über http://dnb.ddb.de abrufbar.

1. Auflage März 2005


Autor: Rainer Türk
Fotos: Hubert Brunnengräber (Titel, Seite 54, 87, 89, 116, 132), Rainer Türk (übrige Aufnahmen)
Gestaltung und Satz: Hubert Brunnengräber
Druck und Verarbeitung: Central-Druck Trost GmbH & Co., Heusenstamm
Verlag: Werbeagentur+Verlag Brunnengräber, Eichendorffstraße 22, D-64653 Lorsch, Telefon (06251) 54122, Telefax (06251) 54135

Die in diesem Buch verwendeten Kartenausschnitte stammen aus den Topographischen Freizeitkarten im Maßstab 1:20 000, TF 20-1 bis 16, die im Buchhandel erhältlich sind.



ISBN: 3-9808202-4-6

# Inhalt

Vorwort ........ 4

Übersicht über die Ausgangsorte ........ 5

Die Herrschaft Erbach ........ 7

1. Zur römischen Villa „Haselburg“ ........ 13
2. Zwischen Gersprenz und „Hoher Straße“ ........ 18
3. Im Herrnwald ........ 24
4. Zum Rodenstein ........ 29
5. „Was zischt und sauset durch die Luft“? ........ 37
6. Die Herrschaft Reichenberg ........ 44
7. Bergbau im Oster- und Rohrbachtal ........ 52
8. Alte Kirchen und herrschaftliche Höfe ........ 59
9. Die Johanniter im Mossautal ........ 67
10. Von alten Wegen, alten Bäumen und vergessenen Dörfern ........ 76
11. Zwischen Mümling- und Mossautal ........ 82
12. Im Brudergrund ........ 85
13. Streifzug durch die Waldmark „Michelnstat“ ........ 91
14. Vom Steinbach- ins Rehbachtal ........ 100
15. Castrum Furstenawe ........ 107
16. „Es steht ein Baum im Odenwald...“ ........ 113
17. Die Römer im Odenwald ........ 120
18. Im Eulbacher Wildpark ........ 128
19. Auf den Spuren von Römern und Pilgern ........ 135

Literaturhinweise ........ 141

# Vorwort

Die in dem vorliegenden Buch beschriebenen Wanderungen zwischen dem Gersprenztal im Westen und dem Limes im östlichen Odenwald vermitteln neben einem unvergesslichen Naturerlebnis eine vielfältige und spannende Kulturgeschichte.

Das besondere Naturerlebnis verdankt diese Landschaft ihrer geologischen Zweiteilung. Während das Gersprenztal dem Vorderen oder Kristallinen Odenwald zuzurechnen ist und durch ein buntes Wechselspiel kleiner, vielfach verästelter Seitentäler und bewaldeter Kuppen geprägt wird, besteht der Hintere oder Buntsandstein-Odenwald aus lang gezogenen und dicht bewaldeten Gebirgsrücken und Hochflächen mit tief eingeschnittenen Tälern. Durch die Absenkung des Michelstädter Grabens weitete sich die Mümlingsenke im Raum Erbach – Michelstadt zu einem breiten Einbruchsbecken. Dadurch entging die andernorts abgetragene Kalkschicht des Deckgebirges der Verwitterung und ermöglichte eine im südhessischen Raum seltene geologische Naturerscheinung, die Erdbachversickerung.

Wer mit offenen Augen diese Landschaft durchstreift, wird nicht nur innerhalb von Städten und Dörfern, sondern auch draußen auf dem freien Feld oder mitten im Wald auf Hunderte von Kulturdenkmäler stoßen. Kelten, Römer und

Franken, Fürsten, Grafen und Ritter, Klöster, Bischöfe und Mönche, Forst und Landwirtschaft, Kaufleute und Bürger haben zahlreiche Zeugnisse hinterlassen, die es auf unseren Wanderungen zu entdecken gilt. Nur wenige Landschaften sind so reich an den unterschiedlichsten Kulturgütern auf engstem Raum. Schlösser, Burgen und Ruinen erzählen von einer stolzen Vergangenheit. Die Anfänge des Christentums im Odenwald werden beim Besuch der Einhardsbasilika, der ältesten karolingischen Basilika nördlich der Alpen, wach. Neben den Territorialherren, den Schenken und späteren Grafen von Erbach, hat das Rittergeschlecht der Rodensteiner eine besondere Bedeutung erlangt. Diese ist nicht politisch begründet, sondern durch Sagen und Lieder entstanden, die sich um den geheimnisvollen Zug des Rodensteiners und seines wilden

Heeres durch die Lüfte gebildet haben und die wie keine andere Sage im deutschsprachigen Raum verbreitet sind. Aber auch scheinbar unbedeutende Flurdenkmäler wie Gedenksteine, Einfriedungen, Laufbrunnen oder jagdliche Einrichtungen erinnern an das Leben früherer Zeiten.

Die ausgewählten Wanderrouten sind so konzipiert, dass sie an diesen Sehenswürdigkeiten vorbeiführen und dabei die landschaftlich schönsten Wege berücksichtigen. Insgesamt sind diese Wanderungen nicht als „schwer" zu bezeichnen. Nur hinsichtlich ihrer Länge können einige Touren Ausdauervermögen voraussetzen. Daher sollte man möglichst die passende Wanderkarte zur Hand haben, um Abänderungen von der beschriebenen Route vornehmen zu können. Die Vielzahl der vorhandenen Markierungen gibt dazu die Möglichkeit.

Die in diesem Buch beschriebenen Wanderungen findet man in den topographischen Freizeitkarten des Hessischen Landesvermessungsamtes im Maßstab 1:20000, TF 20-4 „Rodensteiner Land" und TF 20-6 „Mittlerer Odenwald". Dabei sollte der Wanderer wissen, dass er im Odenwald drei verschiedene Markierungssysteme vorfindet.

Die Wanderlinien des Odenwaldklubs sind mit farbigen Symbolen wie Kreis, Raute oder Viereck gekennzeichnet. Dabei verlaufen die mit einem **weißen Spiegel** unterlegten **roten und blauen Markierungszeichen** vorwiegend in **Nord-Süd-Richtung**, während die **weißen und gelben Symbole in Ost-West-Richtung** führen.

Die Rundwege des Naturparks Bergstraße-Odenwald, die von einem Wanderparkplatz ausgehen und dort auch wieder enden, sind mit einer **gelben Ziffer in einem gelben Kreis** markiert. Auf dem Wanderparkplatz befindet sich eine Orientierungstafel, auf der diese Rundwege aufgezeichnet und beschrieben sind.

Die örtlichen Rundwege wurden vom Naturpark neu überarbeitet und sinnvoll in das vorhandene Wegenetz des Odenwaldklubs und des Naturparks integriert. Sie sind mit einer **weißen Ziffer** in einem **oben offenen Kreis**, in dem der **Kennbuchstabe** des jeweiligen **Ortes** steht, gekennzeichnet.

Um eine bessere Vernetzung der Rundwege und der OWK-Linien untereinander zu erreichen, wurden **Verbindungswege** geschaffen, die mit einem **„V"** markiert sind.

# Die Herrschaft Erbach

Nach dem Sieg des jungen Frankenkönigs Chlodwig über die Alemannen im Jahre 496, gliederte er das eroberte Gebiet ins Frankenreich ein. Dadurch kam der Odenwald unter fränkische Herrschaft. Nach seiner Taufe, die er im Falle dieses Sieges gelobt hatte, begann die Christianisierung seines Landes und damit die Macht und Blütezeit der Kirchen und Klöster. Die Benediktinerabtei Lorsch wurde das größte und einflussreichste Kloster im Odenwald. Karl der Große schenkte ihm die Mark Heppenheim, Einhard die Mark Michelstadt und Kaiser Heinrich II. schließlich den Wildbann Odenwald. Zum Schutze solcher Besitzungen hatte Karl der Große das Vogtamt geschaffen und es Adelsfamilien und Reichsministerialen übertragen, die dafür Gebietsanteile erhielten. Letztere waren ursprünglich zu Hof-, Verwaltungs- und Kriegsdienst herangezogene Unfreie in gehobener Stellung. Schon bald gelang ihnen die Erblichkeit ihrer Rechtsstellung, und sie durften nur noch zu höheren Ämtern herangezogen werden. Ihre Dienstgüter nahmen allmählich die Form von Lehen an, und sie erlangten schließlich die aktive und passive Lehensfähigkeit, sodass die Grenze zum freien Ritterstand schwand.

Aus diesem Umfeld der Reichsministerialen und Gefolgsmänner der Könige und Kaiser trat das Geschlecht derer von Erbach Mitte des 12. Jahrhunderts in das Licht der Geschichte. Zu diesem Zeitpunkt gehörte die Linie Hagen-Arnsburg, später nach ihrer neuen Burg von Münzenberg genannt, zu den wichtigsten Reichsministerialen. Ihr Stammbaum begann mit Eberhard von Hagen (1076-1093). Sein Sohn war Konrad I. von Hagen und Arnsburg (1093-1130). Die nächste Generation teilte sich in Konrad II. von Hagen und Arnsburg (1138-1152) und Eberhard II. von Hagen. Letzterer wurde lediglich 1138 ein einziges Mal erwähnt. Dies bedeutete entweder seinen baldigen Tod nach dieser Erwähnung oder eine Namensänderung. Vermutlich handelte es sich bei diesem Eberhard II. um den im Jahre 1148 im Lorscher Codex als „Klosterbedränger“ genannten „Eberhart von Ertpacht“, der höchstwahrscheinlich als Vogt des Lorscher Filialklosters Steinbach bemüht war, sich Klosterbesitz anzueignen. Die Gelegenheit dazu kam ihm entgegen, da zu dieser Zeit sowohl die Lorscher Äbte als auch die Steinbacher Pröpste sich recht wenig um den Erhalt ihres Besitzes kümmerten.

Als 1232 die Unabhängigkeit des Reichsklosters durch Kaiser Friedrich II. aufgehoben und dem Mainzer Erzbischof unterstellt wurde, waren schon vorher große Teile des Klosterbesitzes in die Hände der Schenken von Erbach gekommen. Eintragungen im Lorscher Codex zwischen 1125 und 1139 geben uns z. B. Hinweise auf Veräußerungen großer Teile der Mark Michelstadt. Nach 1139 konnte das einstmals mächtige Reichskloster Lorsch nicht einmal die Lehenshoheit über dieses Gebiet retten. Besitzaneignungen ehemaliger Lehen führten zum Verfall des Klosters und zur Machtzunahme der Schenken von Erbach, die bis 1307 weite Teile des Odenwaldes als Eigentum besaßen.

Aufgrund seiner hohen Stellung in der Ministerialität begnügte sich Eberhard I. auch nicht mehr mit dem königlichen Gutshof in Michelstadt, sondern er begann im heutigen Erbach mit dem Bau einer standesgemäßen Wasserburg. Sie wurde zur zweiten städtischen Keimzelle im Mümlingtal. Mit der Verleihung der Würde eines königlichen Schenken war es Gerhard I. am Anfang des 13. Jahrhunderts gelungen, für sich und seine Familie die Zugehörigkeit zum hohen Adel zu erreichen.

Zu den frühen Eckpfeilern der Herrschaft Erbach gehörten auch Burg und Herrschaft Reichenberg. Der genaue Zeitpunkt des Übergangs dieser Herrschaft an die Schenken von Erbach ist genauso unbekannt wie die Umstände, die dazu geführt haben. Vorbesitzer dürften die Herren von Billung und Mangenes von Lindenfels gewesen sein, die auf dem Burgberg bereits eine Befestigung unterhielten, die jedoch noch nicht „Reichenberg" hieß. Aus dem Zweig des Mangenes von Lindenfels entstammt die Crumbacher Urfamilie. Zwei von sechs Brüdern, Rudolf und Friedrich, sowie ihre Söhne erbauten um 1250 in Sichtweite der Burg Reichenberg eine Trutzburg, um mögliche Gebietsübergriffe der Erbacher auf ihr Territorium zu unterbinden. Dies bedeutet, dass Burg Reichenberg schon vor 1250 entstanden sein musste.

Auch an der Bergstraße gelang es den Schenken schon sehr früh Lehen und Besitzungen zu erhalten. Trotz der Entfernungen hielten sie nicht nur an diesen Besitzungen fest, sondern versuchten sie sogar zu vermehren. Die Verleihung des pfälzischen Lehens Schönberg an die Schenken von Erbach dürfte in eine Zeit des spannungsfreien Verhältnisses zwischen Erbach und der Pfalz gefallen sein, also noch vor 1232.

1157 war es den Pfalzgrafen gelungen die Vogtei über den gesamten Lorscher Klosterbesitz zu erlangen. Mit dem Tode des Pfalzgrafen Konrad von Hohenstaufen im Jahre 1195 aber ging die Lorscher Vogtei offenbar nicht vollständig an die welfischen und von diesen an die wittelsbachischen Pfalzgrafen über und es scheint, als habe sich Kaiser Heinrich VI. eine Art Obervogtei vorbehalten. Dies würde die späteren Auseinandersetzungen zwischen der Pfalz und dem Reich erklären, die sich an der Frage der Vogtei über das Kloster entzündet hatten. Der königliche Schenk Gerhard I., der sich in diesem Konflikt auf die Seite des Königs gestellt hatte, wurde deshalb vom Pfalzgrafen Ludwig I. für den ihm entstandenen Schaden verantwortlich gemacht.

**Wappen des Hauses Erbach**

Als Kaiser Friedrich II. 1232 das Reichskloster Lorsch dem Mainzer Erzbischof unterstellte, bedeutete dies für die Pfalzgrafen eine erhebliche Machteinbuße. Folge war eine jahrhundertelange Auseinandersetzung zwischen der Pfalz und Mainz. In diesem Streit der Mächtigen drohten die Schenken von Erbach zerrieben zu werden. Schenk Konrad I., der diese Entwicklung vorausgesehen hatte, versuchte durch den Bau der Burg Güttersbach und der Burg Freienstein dieser Bedrohung zu begegnen. In diesen Zusammenhang passt auch die Lehensvergabe eines Teiles von Mossau an den Mainzer Erzbischof im

Jahre 1277. In dieser Zeit ist es wahrscheinlich zu einem Waffengang gekommen, bei der die Burg Güttersbach zerstört wurde und in der Folgezeit in Vergessenheit geriet. Die entscheidende Zuspitzung des Konfliktes Erbach – Pfalz erfolgte in den letzten Jahren des 13. Jahrhunderts mit dem Bau der Burg Fürstenau durch Erzbischof Gerhard II. von Mainz auf Erbacher Territorium. Etwa gleichzeitig veräußerte Schenk Gerhard III. Teile der Erbacher Stammburg, der Burg Schönberg und andere Güter an Gerlach von Breuberg. 1297 trug Schenk Engelhard Burg Freienstein dem Grafen Eberhard von Katzenelnbogen zu Lehen auf. All diese Maßnahmen richteten sich gegen die drohende Übernahme Erbacher Territoriums durch die Pfalz. Aber alle taktischen Maßnahmen waren umsonst. 1307 zerstörte Pfalzgraf Rudolf Michelstadt und zwang die Schenken zur Anerkennung der pfälzischen Lehenshoheit, die auch den eigenen Besitz der Schenken mit einschloss. In den folgenden Jahren aber konnten die Erbacher die alten Zustände weitgehend wieder herstellen. Grund war die Kandidatur von Ludwig, dem Bruder des Pfalzgrafen, bei der Königswahl von 1314. Auch das pfälzische Erbschenkenamt wurde den Erbachern zurückgegeben, das ihren Schenkentitel wieder mit konkretem Inhalt füllte. Schenk Konrad Rauch aus der Reichenbacher Linie kaufte 1355 die kurmainzische Burg Fürstenau und siedelte dorthin über. 1390 beschlossen die Erbacher Michelstadt wieder durch Befestigungen zu sichern, ohne dass die Pfälzer Einspruch erhoben. Ihre Lehenshoheit hatte nur noch formalen Charakter. Mit der Erhebung von Dietrich von Erbach zum Erzbischof von Mainz (1434-1459) und somit zum Kurfürsten und Erzkanzler des Reiches, hatten sich die Erbacher endgültig unter den ersten Familien Deutschlands etabliert. Die Erhebung der Erbacher Familie in den Reichsgrafenstand im Jahre 1532 war krönender Abschluss eines erfolgreichen Aufstiegs.

Das 16. Jahrhundert, das in weiten Teilen Deutschlands eine Zeit religiöser, sozialer und politischer Spannungen war, hatten die Erbacher zum Ausbau und zur Stabilisierung ihrer Position genutzt. Nach dem Aussterben des Hauses Erbach-Erbach (1503) und des Hauses Erbach-Michelstadt (1531), war die Herrschaft bei der Linie Reichenberg-Fürstenau. Nach dem Tode ihres Vaters, Graf Eberhard I. (1475-1539), beschlossen seine Söhne, Graf Georg

I. (1506-1569) und Graf Eberhard II. (1511-1564), eine Nutzungsaufteilung der Grafschaft, in die sie auch ihren jüngsten Bruder Valentin mit einbezogen. Aus dieser Zeit stammen die zahlreichen Teilungssteine, besser bekannt unter der Bezeichnung E/G-Steine. Es sind auffällige, grob behauene Findlingssteine mit sehr sorgfältig ausgeführten Buchstaben „G" und „E". Die Tatsache, dass derartige Teilungssteine an der Nutzungsgrenze des jüngeren Bruders Valentin fehlen, bedeutet, dass ursprünglich nicht an eine Dreiteilung gedacht war, da traditionsgemäß der jüngste von drei Brüdern in den geistlichen Stand trat, um das angestammte Territorium nicht zu sehr zu zersplittern. Durch die Einführung der Reformation in der Grafschaft in den Jahren von 1539-1544 aber löste man den Bruder aus dem geistlichen Stand und zog ihn in die Nutzungsaufteilung der Grafschaft mit ein. Er erhielt das Amt Schönberg. Nach dem erneuten Aussterben der Linien Erbach und Schönberg erfolgten weitere Nutzungsteilungen, die letzte 1747. Damals erhielt die Linie Erbach-Erbach die Ämter Erbach, Wildenstein, Reichenberg, Zell, Würzberg, Eulbach und Ober-Kainsbach. Die Linie Erbach-Fürstenau bekam die Ämter Fürstenau mit Michelstadt, Freienstein mit Beerfelden sowie Bullau und Stockheim und erwarb später noch die Herrschaft Rothenberg. Die dritte Linie, Erbach-Schönberg, mit neuer Residenz in König, behielt das Amt Schönberg mit den Besitzungen an der Bergstraße und erhielt dazu das Amt König sowie die Hälfte der Kondominatsherrschaft Breuberg. Diese Besitzverteilung blieb bis zur Eingliederung der gesamten Grafschaft in das Großherzogtum Hessen-Darmstadt im Jahre 1806.

Am 19. August 1903 wurde das Grafenhaus Erbach-Schönberg vom Großherzog Ernst Ludwig von Hessen und bei Rhein in den erblichen Fürstenstand erhoben.

Alle drei Linien des Hauses Erbach blühen bis heute.

LEBEN PUR
Natürlich frisch und ausgewogen mineralisiert
Odenwald Quelle
CLASSIC · MEDIUM · NATUREL

# Zur römischen Villa „Haselburg“

| | |
|---|---|
| *Charakteristik:* | *Auf herrlichen Panoramawegen zur Ausgrabungsstätte „Haselburg“* |
| *Beste Wanderzeit:* | *April – Oktober* |
| *Ausgangspunkt:* | *Naturpark-Parkplatz „Böllsteiner Höhe“, Böllstein* |
| *Karten:* | *TF 20-6 „Mittlerer Odenwald“* |
| *Markierungen:* | *③ – BK 1 – ✚ (blau) – B 3 – ②* |

| Ort | km | Zeit | Höhe | Informationen |
|---|---|---|---|---|
| Böllstein | 0,0 | 0:00 | 404 | ℹ ✆ (06161) 809-0 |
| Haselburg | 5,6 | 1:45 | 309 | KD, römische Ausgrabungen |
| Ober-Kinzig | 1,8 | 0:30 | 240 | |
| Birkert | 1,8 | 0:30 | 270 | |
| Böllstein | 3,9 | 1:15 | 404 | |
| Gesamtstrecke | 13,1 | 4:00 | | Schwierigkeit: mittel |

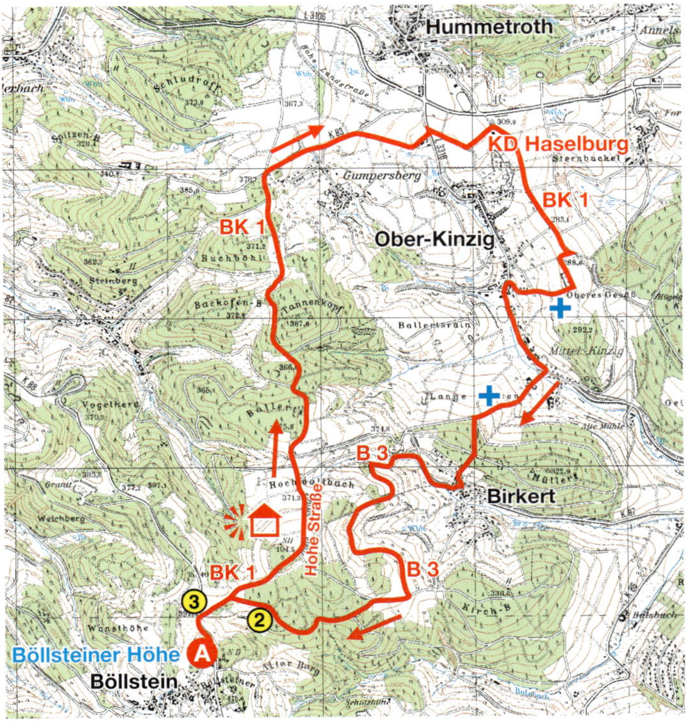

1

Ausgangspunkt unserer Wanderung ist das im Randbereich des Kristallinen Odenwaldes in rund 400 m Höhe auf der Wasserscheide zwischen dem Gersprenz- und dem Mümlingtal malerisch gelegene Böllstein. Seinen Namen verdankt der Ort dem Gneisfelsen, der ihn überragt und den würdigen Rahmen für das Kriegerehrenmal des Dorfes bildet. Böllstein ist vermutlich eine sehr alte Siedlung und war Teil der Zent Kirch-Brombach und der Herrschaft Breuberg.

Vom Naturpark-Parkplatz „Böllsteiner Höhe" am Ortsausgang in Richtung Brensbach folgen wir dem **Rundweg** ③ des Naturparks durch ein kleines Wäldchen. Anschließend laufen wir ein kurzes Stück auf der Fahrstraße und biegen bei der ersten Abzweigung rechts ab. Von hier folgen wir der örtlichen Markierung **BK 1** der „Hohen Straße" entlang in nördlicher Richtung. Derartige Höhenwege, die in Nord-Süd-Richtung längs durch den Odenwald ziehen, sind größtenteils uralte Handels- und Heereswege. Sie mieden die sumpfigen Niederungen, waren sicherer, da man einen besseren Überblick hatte und weniger der Gefahr ausgesetzt war, vom Feind überrascht zu werden, und es waren im allgemeinen die schnellsten und bequemsten Verbindungswege, da keine großen Steigungen zu überwinden waren. Prähistorische und steinzeitliche Funde in unmittelbarer Nähe dieser Höhenwege bezeugen, dass sie schon in vorgeschichtlicher Zeit angelegt und benutzt wurden. Auch die Römer nutzten sie und bauten sie ihren

**Gneisfelsen bei Böllstein**

**Villa Haselburg**

1

Bedürfnissen entsprechend weiter aus. Bei Grenzziehungen in fränkischer Zeit und bei Gründungen von Hubendörfern entlang der Tallagen nutzte man die vorhandenen Höhenwege vielfach als Grenzlinien. Sie haben als Gemarkungs- und Kreisgrenzen bis heute teilweise noch Gültigkeit.

Der heutige Straßenverlauf aber unterliegt anderen Kriterien, sodass die alten Höhenwege dem Wanderer vorbehalten sind, dem sie neben Ruhe und Abgeschiedenheit auch herrliche Ausblicke bieten.

Beim Zusammentreffen mit der OWK-Markierung ✚ (gelb) biegen wir mit der Markierung BK 1 rechts ab. Oberhalb von Gumpersberg erreichen wir die K 83, laufen ein Stück an der wenig befahrenen Straße entlang und biegen dann mit dem Rundweg BK 1 rechts ab zur römischen Ausgrabungsstätte „Haselburg".

Schon Anfang des vorigen Jahrhunderts ließ Graf Franz I. zu Erbach-Erbach seinen Gräflichen Regierungsrat J. F. Knapp auf der Höhe zwischen Hummetroth und Ober-Kinzig graben, da er in den noch sichtbaren Resten der Anlage ein Römerkastell vermutete. Die mit Haselstauden bewachsenen Steinwälle nannten die Einheimischen damals schon wegen der Größe der Anlage „Haselburg". Bei weiteren Untersuchungen der Anlage entstand jedoch bald die Gewissheit, dass es sich um einen großzügig angelegten Landsitz, nicht aber um ein Kastell handelte. In den nachfolgenden Jahren wurden jedoch die Ausgrabungen trotz reichhaltiger Funde nicht konsequent verfolgt. Erst als man im Sommer 1979 beim Bau der Ferngasleitung auf zahlreiche Mauerfundamente einer römischen Villa stieß und das Herrenhaus entdeckte, wurde das Gelände gesichert und die Gasleitung unter den Fundamenten hindurchgeführt. Bis 1984 wurden dann das Wohngebäude, das Bad, das „Peristyl" (von einem Säulengang umgebener Hof) und der angrenzende Keller sowie ein Stück der Umfassungsmauer ausgegraben und aufgemauert. Da eine weitere Ferngasleitung in Planung war, führte man 1985 und 1986 große Flächengrabungen durch. Dabei wurde die Anlage in ihrer gesamten Größe sichtbar: eine fast quadratische Grundfläche von 185,5 x 183,6 m Seitenlänge = 3,4 ha; die größte in Hessen.

Entstanden ist der Gutshof kurz nach Fertigstellung des Limes, etwa um 120 n. Chr. Die Lage war so gewählt, dass man von einem leicht abfallenden Hang in der Nähe einiger Quellen die Landschaft ungehindert nach drei Seiten überblicken konnte. Über die Bedeutung der Villa herrscht allerdings bis heute Ungewissheit. Obwohl Landwirtschaft im Bereich der Haselburg bestimmt betrieben wurde, entspricht die Beschaffenheit des Herrenhauses nicht den Bedürfnissen einer Bauernfamilie oder eines Gutsverwalters. Die ganz in der Nähe der Villa vorkommenden Lehm- und Kalkböden, lassen eine Ziegelei oder Kalkbrennerei vermuten. Bis heute hat man jedoch noch nicht die dafür unerlässlichen Brennöfen gefunden. Von der Größe der Anlage könnte man auch auf ein Gäste- oder Übernachtungshaus schließen, doch sprechen die Größe der Zimmer und die räumliche Trennung von Wasserversorgung und Küche gegen eine solche Nutzung. Wahrscheinlich diente die Villa einem hohen Beamten aus Dieburg, dem die Gutshöfe des Mümling- und Gersprenztales zugeordnet waren, als Verwaltungsgebäude, um Zusammenkünfte der Gutsherren durchzuführen. Dies würde auch die Größe des Bades, der Toiletten und der Räume im Herrenhaus als Versammlungsräume sowie die fast prunkvolle Ausstattung der gesamten Anlage als repräsentatives Verwaltungsgebäude erklären.

Bei den Ausgrabungen von 1985 wurden etwa 50 m westlich vom Wohnhaus, fast in der Mitte der Anlage, die Fundamente eines Jupiterheiligtums mit dem genauen Standplatz einer Jupitergigantensäule von über 10 m Höhe gefunden.

Nach Besichtigung der Anlage folgen wir der Markierung BK 1 in südöstlicher Richtung bis zum Friedhof. Dahinter biegen wir rechts ab und gehen mit der OWK-Markierung ✚ (blau) hinab nach Ober-Kinzig.



Ober- und Mittel-Kinzig wurden schon nach dem Zweiten Weltkrieg zu Ober-Kinzig zusammengelegt. Es ist ein altes Hubendorf, das sich im Tal des gleichnamigen Baches entlangzieht und bereits 1012 als „Kincicha" urkundlich erwähnt wurde. 1426 wurde dann erstmals „Oberkinczige" genannt. Einige Hubenhöfe reichen weit in die Vergangenheit zurück. Im Bogen der Kellereingänge findet man die Jahreszahlen 1554, 1589 und 1683.

An der Durchgangsstraße wenden wir uns nach links und gehen am Sportplatz vorbei talwärts. Unmittelbar hinter dem Gasthof „Zum Kinzigtal" biegen wir mit der OWK-Markierung rechts ab und folgen dieser bergauf nach Birkert. Dieses Dorf wurde ebenfalls 1012 als „Birkunhart" erwähnt und lag an der Nordostgrenze des Lorscher Bannwaldes. Der kleine Bach, der von der „Hohen Straße" herabkommt, teilte den Ort nicht nur topographisch, sondern auch politisch in zwei Gemarkungen, die sogar zwei verschiedenen Landesherren zugeordnet waren. So ergab sich „rechts des Wassers" ein Birkert „habitzheimerseits", das zur Pfalz gehörte und vom Amt Otzberg aus verwaltet wurde, und „links des Wassers" ein Birkert „breubergischerseits", das zur Herrschaft Breuberg gehörte. Erst mit der territorialen Neuordnung von 1806 wurde durch die Eingliederung in das Großherzogtum Hessen-Darmstadt die politische Trennung aufgehoben. 1865 wurden dann beide Gemarkungen zu einem Dorf zusammengelegt. Die Erinnerung an die frühere Zeit aber wird noch durch zwei Laufbrunnen wach gehalten, den „Breuberger Brunnen" und den „Pfälzer Brunnen".

Im Ort stoßen wir auf die örtliche Markierung **B 3** und folgen ihr nach rechts den „Grenzbach" aufwärts. Dieser Rundweg verläuft dann am Hang entlang und bietet einen herrlichen Ausblick auf das vom Müllert- und Kirch-Berg eingerahmte Dorf sowie auf die „Pfälzer Höfe" am Ende des Tales.

Unser Rundweg B 3 trifft dann auf den **Rundweg** ② des Naturparks, dem wir nun nach links zurück nach Böllstein folgen.

# Zwischen Gersprenz und Hoher Straße

| | |
|---|---|
| *Charakteristik:* | *Reizvolle Landschaftsbilder und herrliche Aussichten* |
| *Beste Wanderzeit:* | *Ganzjährig* |
| *Ausgangspunkt:* | *Brensbach, Ortsmitte* |
| *Karten:* | *TF 20-6 „Mittlerer Odenwald“* |
| *Markierungen:* | *o. Mark. – B 1 – Af 1 – B 1 – Wa 2 – ✚ (rot) – ✚ (gelb) – ■ (blau) – o. Mark.* |

| Ort | km | Zeit | Höhe | Informationen |
|---|---|---|---|---|
| Brensbach | 0,0 | 0:00 | 180 | ℹ ✆ (06161) 809-0 |
| Affhöllerbach | 3,5 | 1:00 | 230 | |
| Wallbach | 3,6 | 1:15 | 240 | |
| Hohe Straße | 1,4 | 0:30 | 366 | Panoramaweg |
| Schaafhof | 2,6 | 0:45 | 340 | Hofgut |
| Brensbach | 3,1 | 1:00 | 180 | |
| Gesamtstrecke | 14,2 | 4:30 | | Schwierigkeit: mittel |

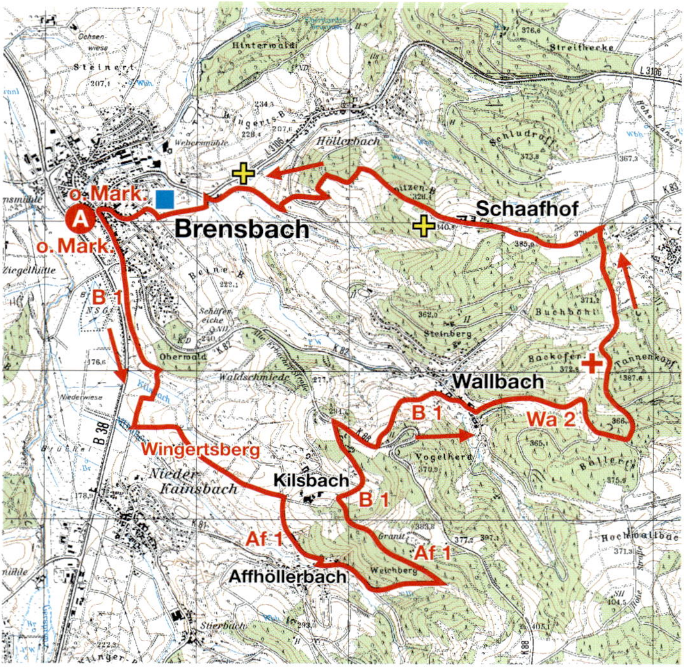

Obwohl Brensbach ebenso wie der benachbarte Ortsteil Wersau und das nah gelegene Fränkisch-Crumbach sicherlich zu den ältesten Siedlungen im oberen Gersprenztal gezählt werden darf, wird der Name erstmals 1257 in Bezug auf das Adelsgeschlecht derer von Brensbach genannt. Wenn auch für diesen Zeitpunkt kein Eigenbesitz in Brensbach nachweisbar ist, kann man davon ausgehen, dass die Herren von Brensbach auch die Dorfherren waren, da es im frühen Mittelalter üblich war, seinen Vornamen mit dem seines Besitzes zu verbinden.



Als Teil der Mark Umstadt war Brensbach im Besitz des Klosters Fulda, die den Ort den Schenken von Erbach und den Herren von Bickenbach zu Lehen gaben. Den Bickenbacher Anteil übernahmen dann die Grafen von Katzenelnbogen. 1390 kam der Ort durch Verkauf in den Besitz der Pfalz und wurde kurpfälzisches Lehen, wobei die ehemaligen Lehnsherren sich auch weiterhin die Vogteirechte teilten.

Nach Aussterben der Grafen von Katzenelnbogen im Jahre 1451 übernahmen die hessischen Landgrafen als deren Erben diesen Anteil. Zu dieser Zeit bestand auch schon ein Gotteshaus, welches, gemäß fränkischer Gepflogenheit, auf einem Hügel als Kirchenburg erbaut und durch Wall, Graben und Ringmauer geschützt war. Innerhalb der Kirchenmauer blieb neben dem Kirchfriedhof genügend Platz, um bei Gefahr die Dorfbewohner mit ihrem Hab und Gut aufnehmen zu können.

Ältester Teil der spätgotischen Pseudobasilika ist der vorgelagerte quadratische Turm mit Spitzhelm. Ihm schließt sich das dreischiffige Langhaus mit Netzgewölbe an. Der Schlussstein des Triumphbogens zwischen Langhaus und Chor trägt die Jahreszahl 1527. Chor und Langhaus weisen eindeutig Parallelen zu Kirchen in Darmstadt und Fränkisch-Crumbach auf. Von der früheren Ausstattung besteht heute noch die spätgotische Steinkanzel von 1526, ein Taufstein aus dem 15. Jahrhundert, ein Holzkruzifix des 17. und Grabmäler des 16. und 18. Jahrhunderts. Bei Grabungsarbeiten vor dem Zweiten Weltkrieg wurden Fundamente eines romanischen Vorgängerbaus gefunden, sicherlich die siedlerische Keimzelle von Brensbach.

Im ausgehenden Mittelalter bestand das Dorf aus zumeist schon zersplitterten Huben und herrschaftlichen Höfen. Trotz Leibeigenschaft, Frondiensten und hohen

Steuerabgaben lebten die Menschen in einem bescheidenen Wohlstand. Der Dreißigjährige Krieg mit Pest, Brandschatzung, Mord und sinnlosen Verwüstungen aber brachte die Dörfer fast zum Aussterben. Nur etwa 10-20% der Bevölkerung überlebten die Kriegswirren. Die Landesherren waren daher bemüht Siedler in das Land zu rufen, um die verwüsteten und verlassenen Bauernhöfe neu zu beleben. So kauften Benedict Schantz und Josef Fleckinger aus dem Berner Oberland das völlig entvölkerte Dorf Wallbach und der aus Graubünden stammende Gaspar Dascha alle zu Bierbach gehörigen Güter. Diese Siedlungspolitik hatte Erfolg. Schon drei Generationen später waren alle Bauernhöfe neu aufgebaut und wieder bewirtschaftet. In der Folgezeit wuchs die Bevölkerung stark an, was vor allem die Besitzlosen erneut ins Unglück stürzte. Es fehlte an Arbeit und Verdienst und zwang viele Bewohner zur Auswanderung. Bevorzugtes Ziel war Nordamerika. Aus dem Bereich der Großgemeinde Brensbach verließen im 18. und 19. Jahrhundert weit über 500 Menschen ihre angestammte Heimat. Erst die Industrialisierung bremste diese Auswanderungswelle. An ihre Stelle trat die Abwanderung in die Städte und die neuen Industriegebiete. Nach dem Zweiten Weltkrieg fanden viele Heimatvertriebene in Brensbach eine neue Bleibe. Sie hatten an der Fortentwicklung des Ortes großen Anteil. Leider ging beim Ausbau von Brensbach viel von der alten Bausubstanz verloren.

Ausgangspunkt unserer Wanderung ist die spätgotische evangelische Pfarrkirche St. Markus in Brensbach. Von hier gehen wir zunächst **ohne Markierung** durch die Heidelberger Straße in südliche Richtung. Nach etwa 200 m kommt von links der örtliche Rundweg **B 1**, dem wir geradeaus folgen. Unser Weg verläuft zunächst parallel der B 38 in Richtung Nieder-Kainsbach. Am Affhöllerbach biegen wir links ab und gehen hinauf zum Wingertsberg. Der Flurname verrät uns, dass hier früher einmal Weinberge waren. Kurz vor Kilsbach wechseln wir das Markierungszeichen und folgen dem Rundweg **Af 1** nach rechts nach Affhöllerbach. Dieses kleine Dorf wurde bereits 1450 als „Effholderbach" erwähnt. Seinen Namen verdankt es dem gleichnamigen Bach, der durch den Ort fließt. Rundweg Af 1 führt den Talgrund aufwärts, biegt dann links in ein reizvolles Seitental ein und führt im spitzen Winkel durch den Wald in Richtung Kilsbach. Oberhalb vom Jugend- und

Freizeitheim stoßen wir wieder auf den Rundweg **B 1** und folgen ihm nach rechts. Vor uns liegt der idyllisch gelegene Weiler Kilsbach, der nur aus vier großen, geschlossenen Vierseithöfen besteht. Dieser Weiler ist ein schönes Beispiel einer großbäuerlichen Ansiedlung des 19. Jahrhunderts und einer intakten bäuerlichen Kulturlandschaft. Drei Höfe stehen in einer lockeren Gruppe inmitten ausgedehnter Wiesen- und Feldfluren, ein vierter liegt erhöht ein Stück abseits. An diesem Hof führt unser Weg entlang bergauf zur „Alten Erbacher Straße", der heutigen K 88, die früher von Brensbach über Böllstein und die Spreng nach Erbach führte. Wir laufen die Straße ein Stück bergauf, biegen bei der nächsten Abzweigung links ab und gehen hinab nach Wallbach. Dieses Reihendorf beeindruckt durch seine Abgeschiedenheit und seine idyllische Lage im Taleinschnitt des gleichnamigen Baches, der sich mit dem Höllerbach zum Brensbach vereint und in die Gersprenz mündet. Wallbach ist auch heute noch landwirtschaftlich geprägt. Ebenso wie Affhöllerbach und Kilsbach war es bis zur Gebietsreform von 1972 selbstständig und wurde danach Ortsteil von Brensbach. Neben sehenswerten Hofreiten fällt besonders das zweigeschossige Schulhaus von 1899 ins Auge, das in ortsbestimmender Lage an städtische Villenarchitektur erinnert. Dieses Gebäude ist Ausdruck des einstigen bäuerlichen Wohlstands und Selbstbewusstseins. Besonders deutlich wird dies am angebauten Treppenturm mit Pyramidendach und Laterne.

In Wallbach folgen wir der örtlichen Markierung **Wa 2** nach rechts die Dorfstraße aufwärts. Fast am Ortsende gabelt sich dieser Rundweg, und wir halten uns links. Der Weg führt bergauf in einen Taleinschnitt zwischen dem Backofen-Berg und dem Ballerts. Besonders eindrucksvoll ist der Blick zurück in das von hohen Bergen eingeschlossene Wiesental. Unser Weg mündet in die „Hohe Straße", einem uralten Handelsweg (siehe Seite 14). Hier wenden wir uns nach links und folgen der OWK-Markierung ✚ (rot) sowie dem örtlichen Wanderweg BK 1. Beim Zusammentreffen mit der Markierung ✚ (gelb) biegen wir links ab und folgen dieser zum Schaafhof.

Der Schaafhof liegt auf einem Bergvorsprung oberhalb von Höllerbach. Über sein Alter gehen die Auffassungen weit auseinander. Die frühesten Datierungen reichen zurück bis ins Hohe Mittelalter zur Zeit der Kreuzzüge

**Bei Wallbach**

und sehen in ihm den Sitz einer Vogtei für Höllerbach. Urkundlich erscheint der Schaafhof 1600 in den Breuberger Akten als herrschaftliches Hofgut mit eigener Schäferei. Frühere Nennungen beziehen sich nicht auf den Hof, sondern lediglich auf die Schafweide und auf den Höhenrücken zwischen Kinzig- und Gersprenztal. Während des Dreißigjährigen Krieges lag der Hof wüst. Erst nach den Kriegswirren wurde die Schäferei in Urkunden wieder vermerkt und zwar in Bezug auf Lehensvergabe, Abgaben und Weiderechte. Die Einnahmen teilten sich je zur Hälfte die Grafen von Erbach-Schönberg und von Löwenstein-Wertheim-Rosenberg. In der Folgezeit mehrten sich die Klagen der umliegenden Dorfbewohner in Bezug auf Weidefrevel und der damit verbundenen Beeinträchtigung der eigenen Schafhaltung. Da jedoch die Privilegien der Standesherrschaft unanfechtbar waren, und die Klagen der Bauern nicht die gehofften Änderungen brachten, eskalierten die Auseinandersetzungen. In der zweiten Hälfte des 18. Jahrhunderts bedrohten Wallbacher Bauern die Schäfersöhne, jagten sie von der Herde weg, verprügelten den Schafknecht und nahmen sich Schafe aus der Herde zum Ausgleich für erlittene Schäden. Als auch die Nachbarorte sich dem Wallbacher Beispiel anschlossen, sah sich die Herrschaft zu einer neuen Weideordnung gezwungen.



Durch Veränderungen in der Landwirtschaft und der vermehrten Nutzung ehemaligen Brachlandes verschlechterte sich die wirtschaftliche Situation der Schafhofpächter, und sie konnten das jährliche Weidegeld nicht mehr fristgemäß an die Herrschaft zahlen. Dies führte 1857 letztendlich zum Verkauf des Hofes. Nach dem Zweiten Weltkrieg wurde der Betrieb radikal umgestaltet und den neuzeitlichen Bedingungen angepasst. Zur künstlichen Bewässerung der steilen Hangwiesen legte man eine kleine Talsperre an, um auch in den Sommermonaten genügend Wasser für das Vieh zu haben. Auch die Viehhaltung wurde der Zeit angepasst. Von der Rinderzucht wechselte man Mitte der 60er Jahre zur Schweinemast, ein Jahrzehnt später zur Pferdezucht und kehrte durch den steigenden Bedarf an Lammfleisch in den Städten Mitte der 80er Jahre wieder zur traditionellen Schafhaltung zurück. Auch die Wirtschafts- und Wohngebäude wurden umgebaut und erneuert. Heute präsentiert sich der Schaafhof in einer parkartig angelegten Landschaft als ein neuzeitlicher „Herrenhof". Beeindruckend für den Wanderer ist neben der herrlichen Aussicht ins Gersprenztal und auf die umliegenden Höhenzüge die Abgeschiedenheit dieser Landschaft.

Vom Schaafhof folgen wir der Markierung ✚ (gelb) weiter abwärts. Der Weg verläuft größtenteils am Waldrand entlang und bietet eine einmalige Aussicht auf den Markflecken Brensbach und das Gersprenztal. Am Friedhof von Brensbach stoßen wir auf die OWK-Markierung ■ (blau) und biegen mit ihr rechts ab. Hinter dem Friedhof verlassen wir das „blaue Viereck" und gehen, links abbiegend, **ohne Markierung** hinab zur Kirche, dem Ausgangspunkt unserer Wanderung.

# Im Herrnwald

| | |
|---|---|
| *Charakteristik:* | *Abwechslungsreicher Rundweg durch eine alte Kulturlandschaft* |
| *Beste Wanderzeit:* | *Ganzjährig* |
| *Ausgangspunkt:* | *Fränkisch-Crumbach, Ortsmitte* |
| *Karten:* | *TF 20-4 „Rodensteiner Land“* |
| *Markierungen:* | *✚ (gelb) – FC 3 – ⑥ – ⑤ – FC 2* |

3

| Ort | km | Zeit | Höhe | Informationen |
|---|---|---|---|---|
| Fränkisch-Crumbach | 0,0 | 0:00 | 190 | ✆ (06164) 93030 |
| Dorn-Berg | 1,6 | 0:30 | 245 | Aussichtspunkt |
| Bierbach | 2,0 | 0:35 | 200 | |
| Heilsruhe | 2,0 | 0:40 | 290 | Schutzhütte, Aussichtspunkt |
| Baronsruhe | 2,5 | 0:50 | 280 | Schutzhütte, Aussichtspunkt |
| Fränkisch-Crumbach | 2,1 | 0:40 | 190 | |
| Gesamtstrecke | 10,2 | 3:15 | | Schwierigkeit: leicht |

Die Anfänge der reichsfreien Herrschaft Crumbach liegen im Dunkeln und müssen noch erforscht werden. Man kann jedoch davon ausgehen, dass sie bis in fränkische

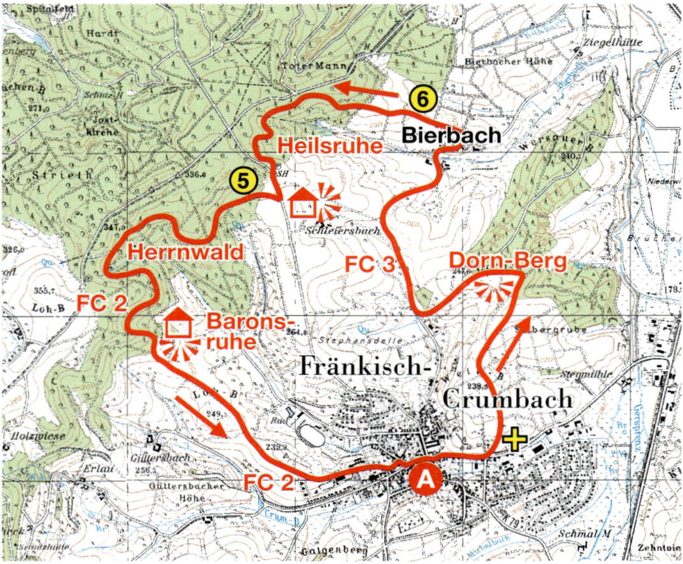

Zeit zurückreichen. Auffallend ist, dass dieses Gebiet bei den königlichen Schenkungen an Lorsch und Fulda immer ausgeklammert wurde. Nach Ansicht vieler Historiker war der Reichenberg ursprünglich Mittelpunkt der Herrschaft Crumbach. Ein „Magenes de Crumpach" bzw. „de Lindenveles", urkundlich erstmals 1142/50 genannt, wird mit ihm in Verbindung gebracht. 1218 aber war Burg Reichenberg im Besitz von Konrad von Erbach. Der genaue Zeitpunkt dieses Übergangs der Herrschaft Reichenberg an die Schenken von Erbach ist genauso unklar wie die Umstände, die dazu geführt haben. Um 1250 erbauten die Ritter von Crumbach in Sichtweite der Burg Reichenberg eine Trutzburg, Burg Rodenstein, um mögliche Übergriffe der Erbacher auf ihr Territorium zu unterbinden und nannten sich fortan „von Rodenstein". Crumbach wurde Sitz einer reichsfreien Herrschaft mit Hochgericht. Trotz übermächtiger Nachbarn, insbesondere des Erzbistums Mainz und der Kurpfalz, aber auch in Bezug auf die Schenken und späteren Grafen von Erbach und die Herren von Breuberg, konnte Crumbach seine territoriale Selbstständigkeit bis 1806 erhalten. Erst dann wurde der Ort zusammen mit Neunkirchen, Lützelbach (Modautal) und Steinau in das Großherzogtum Hessen eingegliedert.

Für den heutigen Namenszusatz „Fränkisch" gibt es keine eindeutige Aussage. Die beiden wahrscheinlichsten von mehreren Deutungen beziehen sich einmal auf die Zugehörigkeit zum „Fränkischen Kreis der Ritterschaft, Canton Odenwald", zum anderen auf die angeblich fränkische Abstammung der Herren von Crumbach. Jedenfalls aber hilft dieser Namenszusatz zur besseren Unterscheidung von Mümling-Grumbach und Krumbach bei Fürth.

Nach dem Dreißigjährigen Krieg verkaufte der letzte Rodensteiner, Friedrich Georg, Teile der Herrschaft. 1650 kaufte Generalmajor von Rabenhaupt ¼ der Herrschaft und siedelte auf den verwüsteten Höfen Calvinisten aus der Schweiz an. 1653 erwarben die hessischen Landgrafen die Hälfte des Besitzes und nach dem Aussterben der Herren von Rodenstein im Jahre 1671 gelangte auf Umwegen der hessische General Rudolf von Pretlack, der vorher schon anteiliger Besitzer der nunmehr unbewohnten und dem Verfall überlassenen Burg Rodenstein war, in den Besitz des letzten Viertels. Durch Heirat und Kauf erwarben 1693 die Freiherren von Gemmingen-Hornberg den

3

Rabenhaupt'schen und den landgräflichen Besitz. 1802 übernahmen sie auch den Pretlack'schen Teil und waren damit alleinige Besitzer der Herrschaft Fränkisch-Crumbach. Diese Regentschaft dauerte jedoch nur bis zum Reformjahr 1806. Danach kam Fränkisch-Crumbach mit den Weilern Erlau, Güttersbach und Michelstadt sowie den Höfen Rodenstein, Bierbach, Schleiersbach und den drei ehemaligen Mühlen zum Großherzogtum Hessen-Darmstadt. Während das Schloss der Freiherren von Gemmingen-Hornberg noch heute von ihnen bewohnt wird, ging das ehemalige Pretlack'sche Schloss 1858 an die Gemeinde über und dient heute der Gemeindevertretung als Rathaus.

Ausgangspunkt unserer Wanderung ist die Ortsmitte von Fränkisch-Crumbach, geprägt von einem eindrucksvollen Ensemble historischer Gebäude.

Ende des 15. Jahrhunderts wurde an Stelle eines romanischen Vorgängerbaus die dem hl. Laurentius geweihte spätgotische Pfarrkirche neu errichtet. An einen quadratischen Westturm mit achtseitigem Spitzhelm schließt sich ein rechteckiger Langhaussaal an. Der Schlussstein im Chor trägt die Jahreszahl 1485. Als Grabeskirche der Ritter von Rodenstein enthält sie in ihrem Innern eine der berühmtesten Skulpturen deutscher Spätgotik, den Grabstein des Junkers Hans von Rodenstein.

Neben der Kirche steht das stattliche Herrenhaus mit Wirtschaftshof, Kellerei und Park der Freiherren von Gemmingen-Hornberg. 1575 war dieses Anwesen von Philipp von Rodenstein als „festes Haus" errichtet und nach Kriegsschäden im Dreißigjährigen Krieg von Neithart von Rodenstein neu aufgebaut worden.

Von der evangelischen Kirche folgen wir der OWK-Markierung ✚ (gelb) durch die Bahnhofstraße in östlicher Richtung. An der nach dem Zweiten Weltkrieg neu gebauten und 1965 geweihten katholischen Kirche biegen wir mit unserer Markierung links ab und wandern über den Wein-Berg hinauf zum Dorn-Berg. Dieser Wegabschnitt führt durch die Feldflur und bietet einen freien Blick auf die Umgebung. Besonders eindrucksvoll ist die Aussicht vom Dorn-Berg. Dort verlassen wir die OWK-Markierung und folgen dem örtlichen Rundweg **FC 3** zunächst am Waldrand entlang und von dort wieder hinab ins Tal. Hier biegen wir rechts ab und folgen dem neu angelegten Kul-

**Blick auf Schleiersbach**



tur-Landschaftspfad talaufwärts. Kurz vor Schleiersbach verlassen wir diesen Pfad und folgen dem **Rundweg** ⑥ des Naturparks nach rechts zu dem kleinen Weiler Bierbach. Trotz der wenigen Häuser ist dieser Ort politisch zweigeteilt. Die Grenze ist der Bierbach, der durch das Dorf fließt. Während der südliche Teil zur Gemarkung Fränkisch-Crumbach gehört, gehören die Häuser auf der linken Bachseite zu Brensbach.

Unser Weg führt mitten durch den kleinen Ort mit zum Teil sehenswerten Hofreiten und Fachwerkhäusern, biegt am Dorfausgang links ab und steigt zum Wald hin an. Vom Waldrand haben wir nochmals einen herrlichen Blick zurück auf das idyllisch gelegene Bierbach, das Gersprenztal und Brensbach. Auch im Wald verläuft der Weg leicht ansteigend hinauf zum Aussichtspunkt „Heilsruhe". Hier errichtete die Ortsgruppe des Odenwaldklubs Fränkisch-Crumbach 1927 zum Gedenken an ihr Gründungsmitglied und langjährigen Vorsitzenden Wilhelm Heil am Rande des Herrnwaldes eine Schutzhütte, die eine prachtvolle Aussicht bietet.

Von der Schutzhütte gehen wir ein kleines Stück bergab und biegen dann mit dem **Rundweg** ⑤ des Naturparks rechts ab. Dieser Weg führt uns mitten durch den Herrnwald. Der Name verweist auf den Besitz der Herren von Gemmingen. Unterwegs kommen wir zum Adolphsitz, benannt nach dem damaligen Grundherrn, Adolph Freiherr von Gemmingen (1822-1902), einem beliebten Rastplatz, der damals, vor über 100 Jahren, einen freien Blick auf Fränkisch-Crumbach und das Gersprenztal bot. Wenig später erreichen wir einen weiteren Rastplatz, den Steinernen Tisch, den der Odenwaldklub vor vielen Jahren hier aufgestellt hat. Am Waldrand kommen wir an eine Schutzhütte, die „Baronsruh". Sie erinnert an Baron Adolph Freiherr von Gemmingen-Hornberg (1886-1963), die der Odenwaldklub an diesem herrlichen Aussichtspunkt errichtet hat. Nach 1945 gehörte Baron von Gemmingen, Landrat des Kreises Dieburg, zu den Initiatoren der Wiederbelebung der bereits 1886 gegründeten Ortsgruppe des Odenwaldklubs, als dessen Vorsitzender er einige Jahre fungierte.

Von hier gehen wir über den Loh-Berg weiter abwärts zurück zu unserem Ausgangspunkt nach Fränkisch-Crumbach.

# Zum Rodenstein



| | |
|---|---|
| *Charakteristik:* | *Kulturhistorische Wanderung* |
| *Beste Wanderzeit:* | *Ganzjährig* |
| *Ausgangspunkt:* | *Parkplatz „Reichenberg-Schule", Reichelsheim* |
| *Karten:* | *TF 20-4 „Rodensteiner Land"* |
| *Markierungen:* | *R 1* |

| Ort | km | Zeit | Höhe | Informationen |
|---|---|---|---|---|
| Reichelsheim | 0,0 | 0:00 | 210 | ✆ (06164) 508-0 |
| Rodenstein | 4,0 | 1:20 | 322 | KD |
| Freiheit | 1,5 | 0:30 | 411 | |
| Reichelsheim | 4,7 | 1:10 | 210 | KD Mus. |
| Gesamtstrecke | 10,2 | 3:00 | | Schwierigkeit: leicht |

Ausgangspunkt unserer Wanderung zum Rodenstein ist Reichelsheim. Der Ort wurde 1303 erstmals urkundlich als „Richoldsheim" erwähnt. Zu diesem Zeitpunkt war Reichelsheim bereits Hauptort der gleichnamigen Zent, zu der schon damals außer den heutigen Ortsteilen, von Ober-

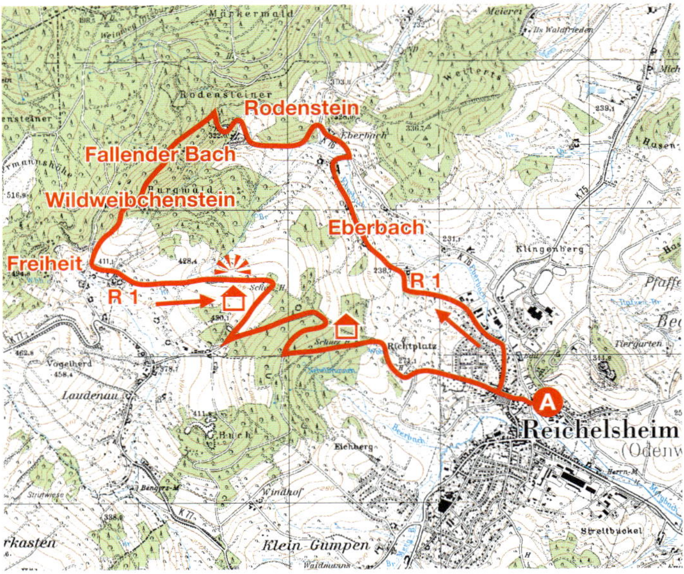

**Blick auf Reichelsheim im Gersprenztal**

Kainsbach und Gersprenz abgesehen, noch Winterkasten gehörte. Die Besiedlung von Reichelsheim musste also wesentlich früher eingesetzt haben. Orte in Verbindung mit Personennamen (Richold) und der Endung –heim sind in der Regel frühe fränkische Gründungen. Auch die 1307 erstmals erwähnte Burg ist erheblich älter. Man geht davon aus, dass Burg und Dorf ursprünglich zur kleinen reichsritterlichen Herrschaft Crumbach gehörten, die um 1150 erstmals genannt wurde und die auf dem Reichenberg vielleicht sogar ihren Stammsitz hatte (siehe Seite 9). Unbekannt aber ist der Zeitpunkt des Herrschaftswechsels von den reichsfreien Rittern von Crumbach zu den Schenken von Erbach, in deren Besitz sich 1307 die Burg befand, nun aber, wie die Urkunde es ausweist, als pfälzisches Lehen (siehe Seite 10).

Auch kirchlich war Reichelsheim Zentrum des umliegenden Gebietes. Selbst entfernt liegende Dörfer und spätere eigenständige Kirchorte wie Fränkisch-Crumbach, Brandau, Lützelbach, Winterkasten und Neunkirchen gehörten zeitweise zum Kirchspiel Reichelsheim. Grund dieser herausragenden Bedeutung von Reichelheim war die zeitweilige Residenz der Schenken von Erbach auf Burg Reichenberg. Bei Nutzungsteilungen innerhalb des Hauses Erbach kam die Herrschaft Reichenberg von der Michelstädter Linie an die Fürstenauer und 1717 an den Grafen Georg Wilhelm zu Erbach-Erbach, der 1723 Schloss Reichenberg wieder zu seiner Residenz machte. Aber schon 8 Jahre später zog es ihn nach Erbach zurück und der Reichenberg wurde Witwensitz.

Auch nach der Eingliederung der Grafschaft in das Großherzogtum Hessen-Darmstadt (1806) blieb das Amt Reichenberg als Verwaltungssitz erhalten und festigte dadurch seine heute noch bestehende Mittelpunktfunktion.

Wir beginnen unsere Wanderung auf dem Parkplatz der Reichenberg-Schule in der Beerfurther Straße. Von dort folgen wir dem örtlichen Rundweg **R 1** zum historischen Ortskern.



Rund um den ehemaligen Marktplatz, dem heutigen Rathausplatz, erhoben sich auf dem Kirchhügel neben der dem hl. Michael gewidmeten Wehrkirche die ersten Häuser. Die Wehrhaftigkeit dieser Anlage wird durch den sie umgebenden Mauerring eindrucksvoll dokumentiert. Ältester Teil ist ein rundes Bogenportal am südwestlichen Aufgang. Der Kirchenbau, so wie er sich uns heute präsentiert, wurde 1716-1718 an Stelle der alten, baufällig gewordenen Kirche errichtet. Rest des Vorgängerbaus ist der gotische, kreuzrippengewölbte Chor von 1493. Im Innern beeindrucken die zweigeschossig umlaufende Empore mit einer reich geschnitzten Herrschaftsloge, die Kanzel, ein Erbacher Wappen des 14. Jahrhunderts am Chor sowie eine barocke Kreuzigungsgruppe aus Holz und eine Gedenktafel für den Grafen Georg Wilhelm.

Prunkstück auf dem Rathausplatz ist das 1554 als Markt- und Gerichtsgebäude errichtete Zenthaus. Das ursprünglich offene Erdgeschoss diente als Markthalle, und im oberen Stockwerk befanden sich der Gerichtssaal sowie zwei Amtszimmer. Die für leichtere Vergehen Verurteilten wurden vor dem Zenthaus an den Pranger gestellt. Ab 1829 dienten die Räume im oberen Stockwerk als Rathaus. Ende des 19. Jahrhunderts wurde die offene Halle zugemauert und bis 1953 als Schule genutzt. Heute ist in dem Gebäude ein Regionalmuseum mit den Abteilungen Bergbau, Eisenbahn, Schule, Handwerk und Fachwerk eingerichtet.

Vom Alten Rathaus sind es nur ein paar Schritte zum heutigen Amtssitz des Bürgermeisters. 1713 ließ der damalige Amtmann, der seinen Sitz auf dem Schloss hatte, in Reichelsheim ein neues Amtshaus bauen. Das Steingebäude im späthistorischen Stil zeigt Anklänge an den Darmstädter Jugendstil. Auffällig an diesem Gebäude sind der große Kellereingang auf der Rückseite und die vier Meter hohen Kellergewölbe, in denen Weinfässer vom Schlossberg und die Abgaben der Bauern eingelagert wurden.

Hinter dem Rathaus biegen wir nach rechts in die Rodensteiner Straße ein und folgen dem Rundweg **R 1**, der uns während der ganzen Wanderung führen wird, ins Eberbacher Tal. Dieses Tal wurde bereits 1012 in der Grenzbeschreibung des Lorscher Bannforstes erstmals urkundlich erwähnt. Die heutige Streusiedlung, ohne erkennbaren Ortskern, ist wie kein anderes Odenwalddorf Abbild der Lorscher Rodungs- und Siedlungspolitik geblieben. Stattliche, zumeist vierseitig geschlossene Hubenhöfe liegen inmitten von Streuobstwiesen und Feldern in weiten Abständen auseinander und verwandeln das einst dicht bewaldete Seitental des Mergbaches unterhalb der Ruine Rodenstein in eine idyllische, grüne Kulturlandschaft.

Hinter der letzten Hofreite – sie gehört seit jeher zu Fränkisch-Crumbach – biegen wir links ab und kommen zum ehemaligen Hofgut Rodenstein. Das heutige Gasthaus wurde 1910 nach dem Brand des Vorgängerbaues neu aufgebaut. Der über dem Portal eingemauerte Stein mit der Jahreszahl 1593 stammt von der nahen Burg.

Unser Weg führt am Gasthof vorbei hinauf zur Burgruine Rodenstein. 1250 erbauten die beiden Brüder Rudolf und Friedrich zusammen mit ihren Söhnen in Sichtweite der Erbacher Burg Reichenberg eine Trutzburg, um mögliche Gebietsübergriffe der Erbacher auf ihr Territorium zu unterbinden. Die uns unbekannten Gründe des Besitzerwechsels der Burg Reichenberg von den Crumbachern an die Erbacher mögen hierfür vielleicht Ursache gewesen sein. Der Name „Rodenstein“, abgeleitet von dem Begriff „Rurestaa“, verweist auf die umfangreichen Rodungsarbeiten und Gesteinsabtragungen im Gelände, die für den Bau einer solchen Anlage notwendig waren. Anfang des 14. Jahrhunderts wurde der Westturm neu errichtet und der Eingang zur Burg in diesen Turm verlegt. 1347/48 wurden die Grafen von Katzenelnbogen und die Schenken von Erbach Mitbesitzer der Burg. In diese Zeit fiel der weitere Ausbau der Anlage. Ein zweites, größeres Zwingertor mit Turm wurde auf der Ostseite der Burg errichtet, und im Innenhof entstand der „Steinerne Stock“, der Palas, mit wehrhafter Schildmauer. Erst 1511 kehrte die Herrschaft wieder in den alleinigen Besitz der Herren von Rodenstein

**Burgruine Rodenstein**

zurück. In einer dritten und letzten Ausbauphase wurde dann eine weitere Ringmauer im Süden errichtet und durch ein halbrundes Geschützrondell verstärkt. Nach einer Skizze aus dem Jahre 1634 muss Rodenstein eine sehr ansehnliche Burg gewesen sein. Als der letzte Burgbewohner ein Jahr später an der Pest starb, befand sie sich in einem guten baulichen Zustand. Die Gründe, warum die Herren von Rodenstein ihren Wohnsitz nach Fränkisch-

**Fallender Bach**

4

Crumbach verlegten und die Burg dem Verfall überließen, sind unbekannt. Es fehlt der Nachweis, dass dies die Folgen von Zerstörungen während des Dreißigjährigen Krieges waren. Als 1671 der letzte Rodensteiner, Georg Friedrich, starb, war die Burg schon nicht mehr bewohnbar und wurde von seinen neuen Besitzern als Steinbruch genutzt. Erst durch die Initiative des Odenwaldklubs wurden die Ruine unter Schutz gestellt und umfangreiche Sanierungsarbeiten durchgeführt.

Von den Rodensteinern sind keine Ruhmestaten überliefert und dennoch sind sie – ähnlich wie die Frankensteiner – viel bekannter als andere Adelsfamilien. Grund hierfür sind die zahlreichen Sagen und Geschichten, die um den Rodensteiner entstanden sind, und die ihn schon bald zu einer mystischen Figur und bei der Bevölkerung unsterblich machten. Bekannt sind die Erzählungen von Werner Bergengruen und Lieder von Joseph Victor von Scheffel. In ihnen wird der Rodensteiner als trinkfreudiger Junker und alter Haudegen geschildert, der sich auf allen Schlachtfeldern tummelt, seiner Kampfeslust sogar Frau und Kind opfert und, von ihr verflucht, fortan bei bevorstehenden Kriegen als verwegener Rittersmann des Nachts mit lautem Getöse, Pferdegewieher, Hundegebell und seinem gesamten Kriegsvolk durch die Wolken vom Schnellerts zum Rodenstein zieht, um dem Land Krieg zu verkünden. Erst nach Beendigung des Krieges kehrt der Rodensteiner auf die gleiche Weise zum Schnellerts zurück.

4

In der evangelischen Kirche von Fränkisch-Crumbach findet man den Grabstein des Junkers Hans von Rodenstein. Er gehört zu den berühmtesten Skulpturen deutscher Spätgotik. Die Gesichtszüge des Junkers entsprechen aber nicht denen eines kriegslüsternen und gefühlslosen Rauf- und Trunkenbolds, sondern lassen vielmehr ernste und asketische Züge erkennen. Als 82 jähriger pilgerte er im Ablassjubiläumsjahr 1500 nach Rom, wo er verstarb.

Durch das Tor an der Ostseite betreten wir die Ruine und gehen durch den Eingang an der Schildmauer in den Burghof. Hier befanden sich der alte und neue Palas sowie der Burgbrunnen. Durch das Westtor, den Zwinger und den Halsgraben verlassen wir die Burg und gehen hangaufwärts zum Forstweg. Hier wenden wir uns nach links und folgen diesem Weg zum „Fallenden Bach", einem Wasserfall, der eine acht Meter hohe Felswand hinunterstürzt und besonders im Frühjahr und nach starken Regenfällen den Betrachter beeindruckt.

Etwa 10 Minuten später sehen wir rechts oben am Berghang eine imposante Felsgruppe, den „Wildweibchenstein". Am Fuße dieser Granitblöcke befand sich eine Höhle, in der einst die „wilden Weibchen" gehaust haben sollen. Die Sagen, die sich um diese verwunschenen, vom „wilden Jäger" verfolgten und auf Erlösung wartenden beiden Frauen ranken, beschreibt Werner Bergengruen in seinem „Buch Rodenstein". Diesen Weibchen werden gute und böse Taten nachgesagt. Sie waren bekannt für Wahrsagungen, warnten vor schlimmen Wintern, Hunger- und Pestjahren, halfen mit Kräutern gegen allerlei Gebrechen, straften jedoch auch böse Menschen und solche, die ihr Geheimnis ergründen wollten. Einmal wurde eins von den Bauern gefangen, da rief ihm das andere nach, es solle nur ja nicht sagen wozu die wilden Kräuter gut seien.

4 Wenig später erreichen wir den Naturpark-Parkplatz „Freiheit" und den gleichnamigen Laudenauer Ortsteil. In früheren Zeiten fand hier das Rodensteiner Märkergericht unter freiem Himmel statt. Der Platz war „gefreit", d.h. priviligierter Bezirk mit besonderen Rechten. Hier hatten z.B. Flüchtlinge für einige Tage Asylrecht. An dieser Stelle stießen die Zent Ober-Ramstadt, das Amt Reichenberg und die Herrschaft Rodenstein aneinander. 1763 sollen die Pfarrer der Kirchspiele Neunkirchen, Groß-Bieberau und Reichelsheim sich an diesem Grenzpunkt zu einem Imbiss getroffen haben. Um ihre Hoheitsrechte zu wahren, hatte man den Tisch so auf den Grenzpunkt gestellt, dass der Stuhl eines jeden auf eigenem Territorium stand. Durch die Eingemeindung von Laudenau nach Reichelsheim und den damit verbundenen Grenzkorrekturen haben sich die heutigen Grenzen verschoben.

Hinter dem Parkplatz „Freiheit" biegen wir links ab und folgen dem Rundweg R 1 auf einem herrlichen Panoramaweg. Im Wald macht der Weg einen Rechtsbogen und verläuft dann wieder durch die Feldflur. Im anschließenden Waldstück biegt er im spitzen Winkel links ab und verläuft ein Stück über einen informativen und ansprechenden Waldlehrpfad bergab nach Reichelsheim. Vom Waldrand haben wir nochmals einen schönen Blick auf den Ort, auf Schloss Reichenberg und das Gersprenztal. Die Laudenauer Straße abwärts, am Friedhof vorbei, erreichen wir wieder den Rathausplatz und gehen von dort zurück zum Ausgangspunkt.

# „Was zischt und sauset durch die Luft“?

| | |
|---|---|
| *Charakteristik:* | *Eindrucksvolle Panoramawanderung zum sagenumwobenen Schnellerts* |
| *Beste Wanderzeit:* | *Ganzjährig* |
| *Ausgangspunkt:* | *Vierstöck* |
| *Karten:* | *TF 20-4 „Rodensteiner Land“ und TF 20-6 „Mittlerer Odenwald“* |
| *Markierungen:* | *③ – OK 1 – G 1 – ④ – — (weiß) – ■ (blau) – ④ – ■ (blau)* |

5

| Ort | km | Zeit | Höhe | Informationen |
|---|---|---|---|---|
| Vierstöck | 0,0 | 0:00 | 361 | ℹ ✆ (06164) 508-0 |
| Ober-Kainsbach | 1,3 | 0:20 | 285 | |
| Schnellerts | 3,1 | 1:00 | 350 | KD |
| Steinberg | 4,4 | 1:25 | 290 | Aussicht |
| Totenkirche | 3,6 | 1:15 | 342 | KD, Aussicht |
| Vierstöck | 1,5 | 0:30 | 361 | |
| Gesamtstrecke | 13,9 | 4:30 | | Schwierigkeit: mittel |

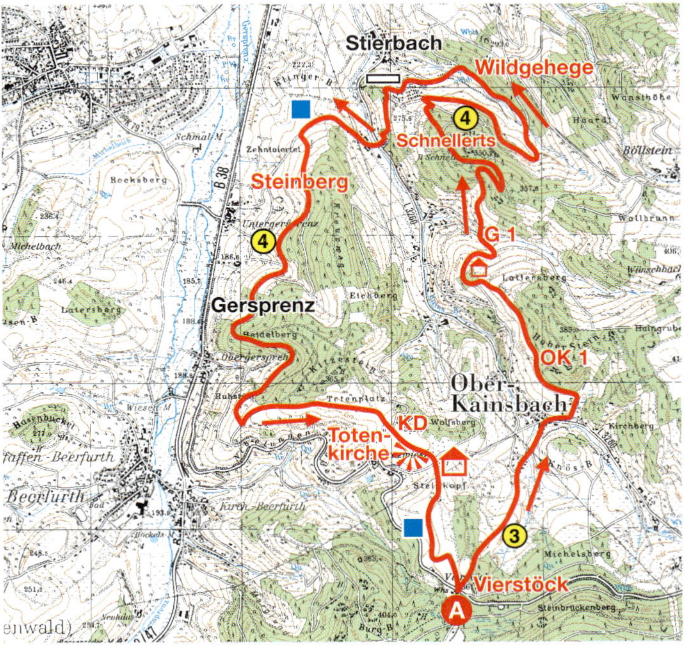

Diese Wanderung führt durch eine Landschaft, die für den nördlichen Odenwald typisch ist: Über Höhen mit prächtigen Ausblicken und durch stille Wälder mit Gipfeln, die voller Geheimnisse stecken. Eine solch aussichtsreiche Höhe ist der Bergfriedhof von Ober-Kainsbach und ein solch geheimnisvoller Gipfel ist der sagenumwobene Schnellerts, der mit dem Rittergeschlecht der Rodensteiner untrennbar verbunden ist.



Die Bedeutung dieses Rittergeschlechts ist nicht politisch begründet, sondern durch Sagen und Lieder entstanden, die sich um den geheimnisvollen Zug des Rodensteiners und seines wilden Heeres durch die Lüfte gebildet haben und die wie keine andere Sage im deutschsprachigen Raum verbreitet sind. In einer Ballade von Josephine Scheffel, der Mutter des Dichters Victor von Scheffel, heißt der 1. Vers:

„Horch auf! Was klingt an Riegel und Gruft?
Was zischt und sauset durch die Luft?
Das muss der wilde Jäger sein,
Er zieht vom Schnellerts zum Rodenstein."

In den Reichenberger Protokollen, niedergeschrieben in den Jahren 1742 bis 1796 von dem Gräflich-Erbachischen Amt auf Schloss Reichenberg, finden sich die ersten Quellen der Rodensteinsage. Die Protokolle enthalten Zeugenberichte von Bewohnern des oberen Gersprenztales, die den Zug des Ritters von Rodenstein durch die Lüfte wahrgenommen haben. Zur Unterstreichung der Glaubwürdigkeit ihrer Aussage beriefen sie sich oftmals auf noch weitaus ältere Überlieferungen. Alle Berichte haben folgende Aussage gemeinsam: Verlässt der Rodensteiner den Schnellertsberg und zieht mit seinem Gefolge mit lautem Getöse, Pferdegewieher und Hundegebell über das Gersprenztal zum Rodenstein, so kündet er damit den Beginn eines Krieges an. Kehrt er dann von der Burg Rodenstein auf dem gleichen Weg und in gleicher Weise wieder zum Schnellerts zurück, so zieht Frieden in das Land ein. Diese Geisterzüge wurden u.a. vor und nach dem Siebenjährigen Krieg (1756-1763), kurz vor der Februar-Revolution von 1848 sowie vor und nach dem deutsch-französischen Krieg von 1870/71 protokolliert. Ein Regiment erfuhr z. B. das bevorstehende Ende dieses Krieges durch den Brief eines Einwohners aus Ober-Kainsbach. Dieser teilte einem Angehörigen mit, dass der Rodensteiner auf den Schnellerts zurückgekehrt sei. Kurz danach wurde den Soldaten der Frieden verkündet.

Auch der Beginn und das Ende beider Weltkriege ist durch entsprechende Zeugenaussagen belegt. Ende Juli 1914, an einem schönen, wolkenlosen Sommertag, wurde von verschiedenen Zeugen unabhängig berichtet, sie hätten ein gewaltiges Sausen und Rauschen am Himmel gehört, für das sie keine Erklärung fänden. Wenig später, am 2. August, brach der Krieg aus.

Derartige Berichte faszinierten besonders die Dichter. Je nach Einstellung entstanden zahlreiche Varianten der Ritter- und Geisterromantik und des Patriotismus. In Balladen, Epen, Dramen, Novellen etc. wurde der Rodensteiner als gespensterhafter Ritter und als grausames Ungeheuer dargestellt, das vor keiner Untat zurückschreckt. Bei Friedrich Schlegel wird der Rodensteiner zum heldenhaften Ritter, der sein Vaterland aus großer Not befreit. Als Frankreich 1840 den Rhein als deutsch-französische Staatsgrenze forderte, schrieb Joseph Victor von Scheffel sein Rodensteinlied, in dem er den Rodensteiner in Sorge um sein Vaterland aus dem Schlaf erwachen lässt, um den Mann zu suchen, dem er sein Schwert anvertrauen kann, damit er Deutschland eine. Hier ähnelt der Rodensteiner Barbarossa in der Kyffhäusersage.

Joseph Victor von Scheffel gibt uns aber noch eine andere Darstellung des Rodensteiners. Angeregt durch die „Carmina burana" und seine Kontakte zu Studentenkreisen, beschreibt er den Rodensteiner in seinen humoristischen Liedern als Saufkumpan, der seine drei Dörfer vertrinkt. In Wirklichkeit jedoch war Junker Hans ein asketischer Mann, der als 82jähriger im Ablassjahr 1500 nach Rom pilgerte, wo er verstarb. Auch bei der Bevölkerung im Odenwald haben diese Trinklieder Scheffels keinen Anklang gefunden.

Das bedeutendste literarische Werk über den Rodensteiner hat jedoch Werner Bergengruen mit seinen Erzählungen „Das Buch Rodenstein" geschaffen. Bergengruen bereiste den Odenwald, kannte die Reichenberger Protokolle und ließ sich von den Bewohnern des oberen Gersprenztals von ihren Erlebnissen berichten.

Ausgangspunkt unserer Wanderung ist der Naturpark-Parkplatz hinter dem Gasthof „Vierstöck" an der B 47 zwischen Beerfurth und der Spreng. Der frühere Name des

„Vier-Stöck“

5

Gasthofes war „An den vier Stöcken“. Gemeint waren vier Bildstöcke, die heute nicht mehr vorhanden sind.

Beim Gasthof überqueren wir die Nibelungenstraße und folgen dem gegenüberliegenden Feldweg bis zur ersten Abzweigung. Hier stoßen wir auf den **Rundweg** ③ des Naturparks und gehen mit ihm rechts bergab nach Ober-Kainsbach. Dieser Weg führt fast ständig durch freie Landschaft und bietet einen herrlichen Blick ins Kainsbachtal.

Ober-Kainsbach hat eine sehr bewegte Geschichte und war lange Zeit selbstständig. 1012 wurde erstmals „Cuningesbach“ urkundlich erwähnt, doch dürfte bei dieser frühen Nennung der Bachlauf gemeint sein. Im 13. und 14. Jahrhundert war der Ort im Besitz der Johanniter von Mossau, die hier eine Filialkirche unterhielten. 1376 wurde sie als „Liebfrauenkirche“ bezeugt, an die heute jedoch nur noch der Flurname „Kirchberg“ erinnert. Schon 1333 hatten die Johanniter das Dorf an die Schenken von Erbach verkauft. Zwischen 1396 und 1551 hatten die Grafen von Wertheim und damit die Herrschaft Breuberg sowie die Pfalz Besitzanteile am Dorf. Danach wurde Ober-Kainsbach von der breubergischen Zent Kirchbrombach abgetrennt und im Hoheitsbereich der Grafen von Erbach zu einer eigenständigen Zent erklärt. Die dazugehörige Richtstätte wurde erstmals 1577 erwähnt (siehe Seite 60).

An der L 3260 halten wir uns rechts und folgen dem örtlichen Rundweg **OK 1** in ein kleines Seitental. Der Weg verläuft dann am Waldrand oberhalb des Ortes entlang und bietet einen herrlichen Blick ins Kainsbachtal und auf das langgestreckte Dorf, das als typisches Waldhubendorf auf einer Länge von fast 4 km dem Bachlauf folgt. Nach etwa einer Viertelstunde verlassen wir den Rundweg OK 1 und folgen der Markierung **G 1** nach rechts an einer schön gelegenen Schutzhütte vorbei abwärts in ein Seitental und von dort hinauf zu einer bewaldeten Bergkuppe. Hier finden sich Reste einer relativ kleinen, spätstaufischen Burganlage, vermutlich aus der ersten Hälfte des 13. Jahrhunderts. Wer die Burg einst erbaute, ist unbekannt. Vermutlich aber waren es die Herren von Crumbach, die, ähnlich wie mit der Burg Rodenstein, eine weitere Burganlage errichteten, um die Schenken von Erbach in ihrer Expansionspolitik zu bremsen. Auch Zeitpunkt und Umstände der Zerstörung der Burg sind unbekannt. Die bei Grabungen gefundenen Brandspuren, Kanonenkugeln sowie Pfeilspitzen und Armbrustbolzen verweisen auf ein gewaltsames Ende.



Nach ersten Grabungen Ende des 19. Jahrhunderts wurden bei genaueren Untersuchungen zwischen 1970 und 1990 die Reste der Burg freigelegt und dauerhaft konserviert. Dafür wurde eigens eine Forschungsgemeinschaft gegründet. Die Kernburg war von Wall und Graben umgeben und besaß die Form eines unregelmäßigen Polygons (Vieleck). Die Mauern hatten eine Stärke von knapp 2-3 m. Der runde Bergfried, mit einem Durchmesser von 6,45 m, befand sich an der östlichen Ringmauer. Ihm gegenüber war der Eingang zur Burg. Im Innern fand man Spuren von zwei Fachwerkgebäuden sowie einem steinernen Bau. Auch die Deutung des Namens „Scghnellerts" ist ungeklärt. Er ließe sich von dem mittelhochdeutschen Wort „snellert" = Gatter oder auch von „Snellhart", einem ebenfalls mittelhochdeutschen Familiennamen ableiten.

Von der Burg folgen wir zunächst der OWK-Markierung — (weiß) hinab zum Waldrand. Am Rotwildgehege stoßen wir auf den **Rundweg** ④ des Naturparks und gehen mit ihm, im spitzen Winkel rechts abbiegend, um diesen erlebnisreichen Wildpark herum. Oberhalb vom Feriendorf kommen wir dann wieder auf unsere alte Markierung **G 1.** Dieser folgen wir nun nach rechts, am Waldrand entlang, hinab ins Kainsbachtal. Dort überqueren wir die Straße und gehen auf das vor uns liegende Anwesen zu. Es ist der Hof des Haalbauern durch dessen Scheune der Schnellertsgeist mit seinem wilden Heer im Gefolge auf seinem Weg zum Rodenstein ziehen soll. In den Haalhöfen im unteren Kainsbachtal werden auch die Überreste eines wüst gefallenen Dorfes vermutet.

Unser Weg führt an dem Hof vorbei und steigt zum Klinger Berg hin an. Dort stoßen wir auf die OWK-Markierung ■ (blau), der wir ein Stück nach links folgen, bevor wir mit dem **Rundweg** ④ des Naturparks am Waldrand geradeaus weiter gehen. Dieser Weg, der eine einmalige Aussicht auf das Gersprenztal, auf die das Tal einschließenden bewaldeten Kuppen sowie auf die freien Hänge mit Streuobstwiesen bietet, trägt verdientermaßen die Bezeichnung „Panoramaweg". Nach etwa einer Dreiviertelstunde erreichen wir den Bergfriedhof von Ober-Kainsbach mit seiner bekannten Friedhofskapelle.

5

Am 19. Juli 1618 hatte Graf Friedrich Magnus von Erbach 6 Stämme Eichenholz zum Bau einer Friedhofskapelle bewilligt. Durch die Wirren des Dreißigjährigen Krieges aber blieb das angefangene Kirchlein seinem Schicksal überlassen. Nach dem Kriege war es dermaßen baufällig geworden, dass man sich nicht mehr darin aufhalten konnte. Man beschloss daher einen Neubau, konnte sich aber nicht über die Baupflicht einigen. Dem Pfarrer wurde daher empfohlen die Leichenpredigt unter freiem Himmel zu halten und bei schlechtem Wetter in die nahe gelegene Schafsscheuer zu gehen. „Ob des üblen Geruchs" lehn-

**Totenkirche**

te der Pfarrer dieses Ansinnen entrüstet ab. 1787 konnte schließlich der geplante Neubau durchgeführt werden, wobei die Kosten durch Kollektengelder, Spenden, den Erlös für altes Material und durch die betroffenen Gemeinden aufgebracht wurden. Das scheunenartige Kirchlein ist in seinem Innern einfach, mit Kanzel, Schalldeckel und einem grob zugehauenen Altarstein ausgerüstet. Nach mündlicher Überlieferung sollen diese Gegenstände aus der Kirche von Ober-Kainsbach stammen, die die Johanniter im Mittelalter betreut hatten. Bemerkenswert ist auch die alte Linde am Eingang der Kapelle. Alljährlich kommen an Christi Himmelfahrt viele Besucher zum Gottesdienst zu dieser Kapelle. Unvergesslich ist aber auch der Blick von der Bergkuppe auf das obere Gersprenztal, den man zu den schönsten Ausblicken im Odenwald zählen darf.

Vom Bergfriedhof folgen wir dann dem **„blauen Viereck“** zurück zum Gasthof Vierstöck, dem Ausgangspunkt unserer Wanderung.

# Die Herrschaft Reichenberg

*Charakteristik:* *Abwechslungsreichen Wanderung im oberen Gersprenztal*
*Beste Wanderzeit:* *Ganzjährig*
*Ausgangspunkt:* *Parkplatz „Reichenberg Schule", Reichelsheim*
*Karten:* *TF 20-4 „Rodensteiner Land"*
*Markierungen:* *R 3 – O 2 – O 3 – Bo 3 – Ⓥ – ■ (gelb) – Be 2 – ■ (gelb)*

| Ort | km | Zeit | Höhe | Informationen |
|---|---|---|---|---|
| Reichelsheim | 0,0 | 0:00 | 210 | ✆ (06164) 508-0 |
| Fronhof | 1,2 | 0:20 | 205 | Hofgut |
| Leimberg | 1,5 | 0:30 | 285 | KD |
| Unter-Ostern | 1,2 | 0:20 | 220 | |
| Eselsweg | 2,4 | 0:50 | 390 | |
| Beerfurther Schlösschen | 3,0 | 1:00 | 363 | |
| Beerfurth | 1,2 | 0:20 | 190 | |
| Schloss Reichenberg | 2,1 | 0:40 | 311 | |
| Reichelsheim | 1,2 | 0:20 | 210 | Museum |
| Gesamtstrecke | 13,8 | 4:20 | | Schwierigkeit: mittel |

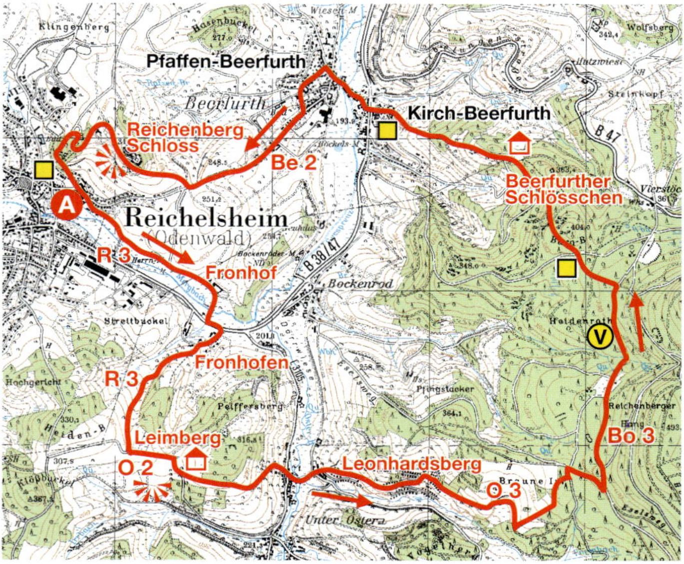

Ausgangspunkt unserer Wanderung ist erneut der Parkplatz an der Reichenberg Schule in der Beerfurther Straße. Von hier folgen wir den beiden örtlichen Rundwegen R 2 und **R 3** in südöstlicher Richtung talwärts. Kurz hinter dem Ortsausgang sehen wir rechts, jenseits des Mergbaches, die Herrnmühle, die bereits vor über 500 Jahren im Besitz der Grafen von Erbach war. Zur Mühle gehörte früher eine ausgedehnte Landwirtschaft. Die Rechte des Müllers, dessen Pachtvertrag immer auf 12 Jahre abgeschlossen wurde, gingen weit über die Hofreite hinaus. Der Mühlgraben gehörte zu seinem Eigentum. Ein wichtiges Recht war der Mühlbann. Danach bestand für die Bauern aus der Umgebung der Zwang, in der Herrnmühle mahlen zu lassen. Umgekehrt durfte der Müller keinen „seiner" Bauern abweisen. Diese Vorschrift galt bis 1832. Um 1870 verkauften die Grafen die Mühle an einen Vorfahren des heutigen Müllers.



Kurz darauf kommen wir an einer stattlichen Hofreite, dem Fronhof, vorbei. Auch dieser Hof wurde bereits 1450 als Hofgut der Schenken von Erbach erwähnt. Von 1736 bis 1738 wurde er neu aufgebaut und in den nachfolgenden Jahren wiederholt vergrößert. Am östlichen Kopfende steht das zweistöckige, barocke Wohnhaus mit einer zweiläufigen Freitreppe. Im Bogenfeld der Tür sieht man das gräfliche Wappen. Rings um den Hof befinden sich die in Bruchstein errichteten Wirtschaftsgebäude und Scheunen mit Schreckköpfen an der Toreinfahrt zur Abwehr von Un-

**Fronhofen**

heil. 1933 verkauften die Grafen den Hof an die Familie Siefert, dem damaligen Pächter, der durch seine Viehzuchterfolge weit bekannt war.

**Michaelskapelle**

Am Fronhof biegen wir mit dem Rundweg R 3 rechts ab und gehen über den Mergbach und die B 38 nach Fronhofen. Dieser, 1307 als „Fronthoffen" erstmals urkundlich erwähnte Weiler, beeindruckt durch seine schönen Fachwerkhofreiten. Er ist gleichzeitig kleinster Ortsteil der Gemeinde Reichelsheim.

6

Von Fronhofen wandern wir hinauf auf den Leimberg. Ende des 16. Jahrhunderts wurde auf der Bergkuppe ein Friedhof angelegt, nachdem der Reichelsheimer Kirchhof und das Beinhaus die Toten nicht mehr aufnehmen konnten. 1592 wurde von den 11 Gemeinden des Kirchspiels Reichelsheim eine Friedhofskapelle errichtet, die 1722 wieder abgetragen und durch einen Neubau ersetzt wurde. Dieser Friedhof verlor mit der Anlage eines neuen Friedhofs in der Laudenauer Straße seine einstige zentrale Bedeutung für das Kirchspiel. Friedhof und Kapelle auf dem Leimberg wurden 1964/65 restauriert. Die heutige Kapelle ist ein kleiner, massiver Rechteckbau mit Krüppelwalmdach. Vor der Kapelle befindet sich ein moderner eiserner Glockenstuhl mit der ehemaligen „Vaterunserglocke" der evangelischen Kirche in Reichelsheim, datiert 1446. Ein Grabstein von 1775 steht als einziges erhaltenes älteres Grabmonument an der Außenwand der Kapelle.

Vom Leimberg folgen wir dem Rundweg **O 2** hinab nach Unter-Ostern. Die erste urkundliche Erwähnung findet sich 880 unter dem Namen „Osternaha", der nach Osten fließende Bach, und bezieht sich auf die Örtlichkeit. 1357 wird dann erstmals mit „Nidern Osterna" und 1443 mit „Obern Osternauve" eine Unterscheidung zwischen Unter- und Ober-Ostern gemacht, wobei nun Siedlungen entlang des Osterbaches gemeint sind. Ob sich diese Trennung bereits auf zwei eigenständige Dörfer bezieht oder damit nur die Lage der Huben am Bachlauf präzisiert wird, bleibt offen. Die Trennung als zwei eigenständige Dörfer wird erst im 19. Jahrhundert nachweisbar. Obwohl der Ortsname mit dem Osterfest nichts zu tun hat, rücken die beiden Ortsteile von Reichelsheim alljährlich zur Osterzeit in das Interesse der Medien.

An der Fahrstraße verlassen wir Rundweg O 2 und folgen dem Rundweg **O 3** in das gegenüberliegende Seitental. Hinter dem Osterbach gabelt sich dieser Rundweg und wir folgen ihm links durch das Feriendorf am Leonhardsberg. Hinter der Ferienanlage führt ein aussichtsreicher Weg durch Wiesen und Weiden hinauf zum Eselsweg. Besonders vom Waldrand ergibt sich ein herrlicher Blick hinab ins Ostertal.



Der Eselsweg ist ein historischer Zugang zum Höhenweg, über den schon in frühester Zeit eine Handelsstraße verlief. Ihn nahmen die mit Getreide oder Mehl beladenen Esel auf ihrem Weg zu oder von den zahlreichen Mühlen im Gersprenztal. Auf diesem Weg stoßen wir auch auf unsere neue Markierung **Bo 3**, folgen ihr noch ein Stück zusammen mit dem Rundweg O 3 bergauf und biegen bei der nächsten Abzweigung mit ihr im spitzen Winkel links ab. In diesem Bereich verläuft unser Wanderweg über den neu eingerichteten Bergbaulehrpfad Vierstöck-Rohrbach. Dank seiner besonderen geologischen Struktur im Grenzbereich von kristallinem Gestein und Buntsandstein hatte der Bergbau im Ostertal eine lange Tradition (siehe Seite 53 ff.). Insgesamt 16 Lehrpfadstationen informieren auf anschauliche Weise über Geologie und Mineralogie, über unterschiedliche Abbaumethoden, ihren ganz besonderen Schwierigkeiten und den Arbeitsbedingungen der Bergleute sowie über Zusammenhänge von Bergbau und Waldwirtschaft.

An der Wildwiese verlassen wir den Rundweg Bo 3 und folgen dem Verbindungsweg **„V“** geradeaus. Nach etwa 10 Minuten kreuzt die OWK-Markierung ■ (gelb) und wir folgen ihr nach links zum Burg-Berg und weiter bergab zum Beerfurther Schlösschen. Diese Burgruine liegt etwas versteckt abseits vom Weg. Bei der Schutzhütte am Waldrand verlassen wir die OWK-Markierung und folgen dem **Rundweg** ⑤ des Naturparks zweimal kurz hintereinander nach rechts. Dieser Rundweg führt uns zum Beerfurther Schlösschen. Wer viel Sehenswertes erwartet, wird enttäuscht sein. Nur noch wenige Reste der alten Anlage sind vorhanden: Niedrige, sauber gefügte Mauerreste des Zwingers sowie Spuren eines Grabens auf der Angriffsseite im Südosten. Auch über Herkunft und Bedeutung dieser Burganlage ist nichts bekannt. 1740 tauchten erstmals Berichte über ein „uraltes, herrschaftliches Schloss" auf und zwar im Zusammenhang mit Versuchen von Beerfurther Einwohnern trotz Verbotes die Ruine als Steinbruch zu nutzen und Baumaterial von dort zu holen. Damals sollte es sich, ähnlich wie beim Schnellerts, um eine vieleckige, ovalförmige Burganlage mit Bergfried und Mauern gehandelt haben. Diese Aussagen geben uns Hinweise auf eine kleine Schutzburg des frühen 13. Jahrhunderts.

Von der Ruine gehen wir wieder zurück und folgen dem **„gelben Viereck"** den Bergkamm hinab nach Kirch-Beerfurth.

Beerfurth ist ein besonders schönes Beispiel für die wechselvolle Odenwälder Territorialpolitik. Bei seiner Ersterwähnung im Jahre 1321 als „Berenforte" kann man davon ausgehen, dass es sich um ein einziges Dorf gehandelt hat. Der Name, der sich von dem althochdeutschen Wort „ber" = Eber ableitet, verweist auf eine Furt in der Gersprenz, durch die Schweine zur Mast in die angrenzenden Wälder getrieben wurden. Im späten Mittelalter aber trennten sich die Wege des „Hieseitigen" und des „Diesseitigen" Beerfurth. 1478 verkauften die Brüder Georg und Albrecht Göler das auf dem linken Bachufer gelegene „Bernfurt hiedisit" an das Heiliggeist-Stift in Heidelberg, während die Grafen von Erbach-Erbach und die Fürsten zu Löwenstein-Wertheim gemeinsam die Herrschaft über das „Diesseitige" Beerfurth ausübten. Der Name „Pfaffen-Beerfurth" und die Taube als Symbol des Heiligen Geistes im Gemeindewappen verweisen auf die Zugehörigkeit zum Heiliggeist-Stift. Mit der Reformation übernahmen die Kurfürsten der Pfalz den Heidelberger Stiftsbesitz und Pfaffen-Beerfurth blieb bis 1806 kurpfälzische Enklave und war dem Amt Lindenfels unterstellt. Auch nach 1806 wurde es nicht dem Amt Reichelsheim, sondern dem Amt Fürth zugeteilt. Erst 1874 wurde diese Sonderstellung durch die Eingliederung in den neu gebildeten Kreis Erbach beendet.

Nach dem Übergang an das Großherzogtum Hessen-Darmstadt im Jahre 1806 war Kirch-Beerfurth für kurze Zeit eigenständiges Amt. Der Namenszusatz „Kirch" bezieht sich auf eine frühere Kapelle. Am 1. Januar 1970 schlossen sich beide Dorfteile gemeinsam mit Bockenrod sowie Unter- und Obergersprenz zur Gemeinde Beerfurth mit Sitz in Kirch-Beerfurth zusammen. Aber schon 1 Jahr später erfolgte im Zuge der Gebietsreform die Eingliederung nach Reichelsheim.

Eine Besonderheit in Beerfurth sind die Lebkuchenbäckereien, die auf eine über 200 Jahre alte Tradition zurückgehen. Früher, nach Beendigung der Herbstarbeiten auf den Feldern, wurden nach alten, streng gehüteten Familienrezepten, Lebkuchen gebacken und auf den Märkten in den Städten oder durch Hausierer zum Verkauf angeboten.

In Kirch-Beerfurth überqueren wir die B 47 und laufen durch die Brückenstraße hinüber nach Pfaffen-Beerfurth. Vom Marktplatz folgen wir ein kleines Stück die Michelbacher Straße und biegen dann nach links in die Schwimmbadstraße ein. In der Hügelstraße stoßen wir auf den Rundweg **Be 2** und folgen ihm zur Pfalzstraße und am Friedhof vorbei durch die Feldflur hinauf zum Schloss Reichenberg.

Burg Reichenberg, auf einem zum Gersprenztal steil abfallenden Bergkegel gelegen, gehörte zu den frühen Eckpfeilern der Herrschaft Erbach (siehe Seite 8). Als die Burg 1307 erstmals urkundlich erwähnt wurde, gab Pfalzgraf Rudolf den Schenken von Erbach ihren bislang eigenen Besitz als Lehen zurück und zwang sie zur Anerkennung der Pfälzer Lehenshoheit. Die Schenken verstanden, dass ihnen im Spannungsfeld der beiden Großmächte Pfalz und Mainz, die alle machtpolitischen Bestrebungen Dritter unterbanden, keine andere Wahl blieb und ordneten sich dem Pfälzer Diktat unter. Hatten sie vorher versucht durch politisches Taktieren mit dem Pfälzer Erzfeind Mainz und den Grafen von Katzenelnbogen in Form von Gebietsabtretungen und Lehensvergaben (Fürstenau und Freienstein) sowie durch den Bau eigener Wehranlagen (Burg Waldau und Güttersbach) ihre Machtposition zu stärken, führte der gewaltsame Angriff von Pfalzgraf Rudolf auf Erbach und Michelstadt (siehe Seite 94) die Schenken von Erbach auf den Boden der Realität zurück. Sie erkannten, dass der

6

**Blick auf Schloss Reichenberg**

Fortbestand des Hauses Erbach sowie die Vergrößerung ihres Territoriums ihnen nur auf friedlichem Wege durch Heirat oder Erbschaft möglich war, und sie verstanden mit sehr großem diplomatischem Geschick ihren Herrschaftsbereich in aller Stille zu festigen.

Burg Reichenberg blieb fortan in der Verwaltung des Hauses Erbach, deren verschiedene Linien sich wiederholt den Besitz teilten. 1531 wurde Schenk Eberhard XIII., der spätere Graf Eberhard I., von Erbach-Fürstenau Alleinbesitzer. 1717 wurde die Burg der Linie Erbach-Erbach zugesprochen. 1723 machte Graf Georg Wilhelm Schloss Reichenberg zur neuen Residenz. Aber schon 8 Jahre später, 1731, zog es ihn wieder zurück nach Erbach. Obwohl Teile der Burg als gräflicher Witwen- und Verwaltungssitz noch lange Zeit bewohnt blieben, setzte ein allmählicher Verfall ein. Heute ist die Anlage Eigentum der „Offensive Junger Christen", die auf Burg Reichenberg eine Tagungs- und Begegnungsstätte unterhält und 1983 mit Restaurierungsarbeiten begonnen hat. Von der staufischen Kernburg sind noch große Teile der Schildmauer erhalten. Der „Krumme Bau", der ehemalige Palas, weist trotz Erweiterungen und Umbauten noch Teile des 13. Jahrhunderts auf. Im Hof befindet sich ein alter Ziehbrunnen mit dem Erbacher und dem Pfälzer Wappen sowie der Jahreszahl 1557 und 1567. Rechts neben dem Toreingang steht die spätgotische Michaelskapelle. Nach Einführung der Reformation wurde sie nicht mehr benutzt und diente vorübergehend als Lagerraum. Erst als Graf Georg Wilhelm seine Residenz auf den Reichenberg verlegte, wurde sie wieder Gotteshaus. Heute sind der Innenhof der Burg sowie ein Café im ehemaligen Amtshaus frei zugänglich. Erwähnenswert ist der prachtvolle Blick hinab auf Reichelsheim. Am Südhang des Burgberges lassen sich noch Reste der Terrassierungen des früheren Weinberges erkennen, der bis ins 19. Jahrhundert gute Weine lieferte und der erst 1879 in Ackerland umgewandelt wurde.

Von der Burg gehen wir dann hinab nach Reichelsheim, dem Ausgangspunkt unserer Wanderung.



**Blick auf Reichelsheim**

# Bergbau im Oster- und Rohrbachtal



*Charakteristik:* *Ausgedehnte Wanderung auf historischen Wegen*
*Beste Wanderzeit:* *April – Oktober*
*Ausgangspunkt:* *Weschnitz*
*Karten:* *TF 20-4 „Rodensteiner Land"*
*Markierungen:* *▼ (blau) – ▲ (gelb) – Ro 2 – ⑥ – ◇ (weiß) – o. Mark. – ① – V – O 5*

| Ort | km | Zeit | Höhe | Informationen |
|---|---|---|---|---|
| Weschnitz | 0,0 | 0:00 | 330 | ℹ ✆ (06164) 508-0 |
| Am Stotz | 2,0 | 0:45 | 460 | |
| Am Klößbuckel | 3,4 | 1:00 | 360 | |
| Unter-Ostern | 2,0 | 0:30 | 220 | |
| Am Stutz | 2,4 | 0:50 | 390 | |
| Rohrbach | 2,4 | 0:40 | 360 | 🍷 |
| Roter Kandel | 1,6 | 0:30 | 370 | ehemaliges gräfliches Forsthaus |
| Weschnitz | 3,5 | 1:00 | 330 | 🍷 |
| Gesamtstrecke | 17,3 | 5:15 | | Schwierigkeit: anspruchsvoll |

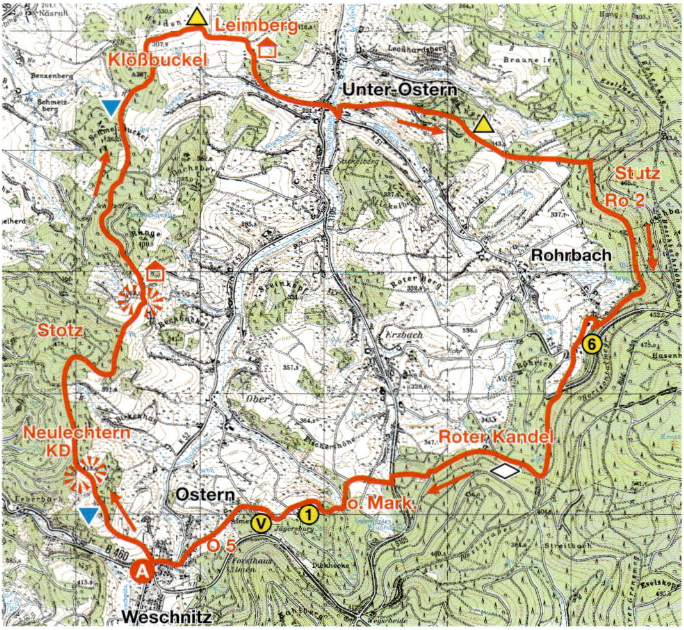

Wanderungen im oberen Ostertal sind aufgrund der besonderen geologischen Struktur im Grenzbereich von kristallinem Gestein und Buntsandstein besonders reizvoll. Während der Triaszeit überlagerte eine mächtige Sanddecke, die sich zu einem Sandstein unterschiedlicher Härte verdichtete, den Granit. Durch die Hebung des Vorderen Odenwaldes wurde der Buntsandstein in diesem Gebiet völlig abgetragen, sodass der Granit wieder freigelegt wurde. Durch dessen besondere Verwitterungsform entstand eine stark gegliederte Landschaft, die durch zahlreiche Bergkuppen geprägt wurde, während für den Hinteren oder Buntsandstein-Odenwald die dicht bewaldeten, langgestreckten Höhenzüge mit seinen tief eingeschnittenen Tälern bestimmend wurden. Unterschiedlich ist auch die Struktur der Wälder. Während im Vorderen Odenwald die Laubwälder vorherrschen, dominieren im Buntsandstein-Odenwald die Nadelhölzer. Dieses Grenzgebiet zwischen kristallinem Gestein und Buntsandstein ist auch mineralogisch sehr interessant. Es zeigte sich, dass im Übergangsbereich von Granit und Buntsandstein große Erzvorkommen vorhanden waren. Alte Orts- und Flurnamen wie z. B. Erzbach und Erzberg bekunden dies eindeutig. Aufgrund ihres keltischen Wortstammes geben sie uns auch den Hinweis, dass schon Kelten und Germanen in dieser Gegend nach Erz schürften. Das ganze Mittelalter hindurch wurde Erz abgebaut, verhüttet und verarbeitet, da in früheren Zeiten Grube, Schmelze und Schmiede, bedingt durch die eingeschränkten Transportmöglichkeiten, eine untrennbare Einheit waren. Das 18. Jahrhundert brachte das vorläufige Ende der Erzförderung. Erst die Einführung des Thomasverfahrens in der Stahlherstellung und der damit verbundene Bedarf an Mangan als Stahlveredler führte zu einer zweiten Blüte des Bergbaus in der Region, da im Grenzbereich von Gneis und Buntsandstein große Manganerzvorkommen vorhanden waren. In den Jahren 1884 bis 1924 förderten die lothringische Firma „de Wendel", die auch im Ulfenbachtal Manganerzgruben unterhielt, und die Firma „Gebrüder Stumm" aus Neunkirchen an der Saar insgesamt 365.873 Tonnen Manganerz aus den Gruben zwischen Vierstöck und Rohrbach. Zu dieser Zeit arbeiteten bis zu 300 Bergleute in den Gruben im Oster- und Rohrbachtal. Anfangs wurde das Manganerz oberflächennah aus 39 Einzelschächten gefördert und

**Blick ins Ostertal**

7

mit Ochsen- und Pferdefuhrwerken zur Bahnstation nach Reinheim transportiert, von wo es zur Verhüttung nach Lothringen gebracht wurde. 1886 entschloss man sich zur Einrichtung eines Grubenverbundes zwischen den bestehenden Einzelbergwerken und zur Erschließung der tiefer liegenden Erzlager. Nach der Eröffnung der von der Firma „de Wendel" mitfinanzierten Bahnstrecke Reinheim – Reichelsheim am 10. Oktober 1887, wurde das Manganerz mit Hilfe einer Drahtseilbahn zum Bahnhof nach Bockenrod gebracht. Dank des Gefälles von über 180 Höhenmeter wurden die am Bahnhof entleerten Kippgondeln durch das Gewicht der gefüllten Gondeln ohne künstlichen Antrieb wieder bergauf gezogen.

Eine Schwierigkeit bereiteten die zum Berg hin abtauchenden Erzlager. Um das in die Stollen einsickernde Wasser nach außen ableiten zu können, brauchte man einen tiefer liegenden Entwässerungsstollen und musste, von den Förderschächten ausgehend, die Stollen leicht ansteigend durch den Gneis vorantreiben, um an das zwischen Buntsandstein und Gneis liegende Erzlager zu gelangen. Wäre man dem abtauchenden Erzlager gefolgt, hätte eindringendes Wasser die Arbeit bald unmöglich gemacht.

Die Arbeit im Stollen unterschied sich kaum von der früherer Zeiten. Die „Hauer" lösten das Erz aus dem Gestein. Dieses wurde von den „Schleppern" in Schubkarren oder in von Pferden gezogenen „Hunten" zu den Förderschächten gezogen und dort durch von Dampfmaschinen angetriebenen Förderwinden an die Oberfläche gebracht. Abgebaute Erzlager wurden wieder aufgefüllt, um Einbrüche zu vermeiden. Die Stollen waren durch so genannte „Türstöcke" und einen Holzverbau abgesichert, um die durch den Gebirgsdruck bestehende Einsturzgefahr zu verhindern. So variierte auch je nach Gebirgsdruck der Abstand der Türstöcke voneinander. Dazu verwendete man Fichte, Kiefer oder Lärche, da die kurzfaserigen Nadelhölzer durch deutliches Knacken bei zu großen Belastungen vor einem bevorstehenden Bruch warnten. Nach Ende des Ersten Weltkrieges wurden die Bergbautätigkeit wegen zunehmender Unrentabilität nach und nach eingestellt und die Einrichtungen abgebaut.



Wir beginnen unsere Wanderung in Weschnitz an der B 460 und folgen von dort der OWK-Markierung ▼ (blau) den asphaltierten Flurweg hinauf zum Stotz. Schon auf halber Höhe haben wir einen wundervollen Blick das Ostertal abwärts bis hin zum Otzberg, einem 368 m hohen Basaltkegel. Von hier erkennt man auch deutlich die geologische Zweiteilung des Odenwaldes. Nach rechts schaut man auf die dicht bewaldeten, langgestreckten Höhenzüge des Buntsandstein-Odenwaldes, während man auf der linken Seite des Oster- und Gersprenztales eine stark gegliederte Landschaft mit zahlreichen Bergkuppen sieht.

Unser Wanderweg hinauf zum Stotz führt auch an zahlreichen historischen Grenzsteinen vorbei. Hier verlief die schon 795 im Lorscher Codex beschriebene Grenze der Mark Heppenheim, die heute als Kreisgrenze zwischen dem Kreis Bergstraße und dem Odenwaldkreis noch Gültigkeit hat. Auf der zum Weg hin gerichteten Seite sehen wir das Pfälzer Rautenwappen sowie den Schriftzug „Abgelöst" mit der Jahreszahl 1650 und dem Mainzer Rad. Auf der Rückseite befindet sich das Erbacher Sternenwappen. Diese Grenzsteine dokumentieren ein Stück Geschichte.

1232 schenkte Kaiser Friedrich II. die gefürstete Abtei Lorsch mit allen Rechten, Gütern und Einkünften dem Erzbischof von Mainz, nachdem dieser schon 4 Jahre vorher von Papst Gregor IX. die Verwaltung des Klosters übertragen bekommen hatte. Im 14. und 15. Jahrhundert kam es dann des öfteren zu Streitigkeiten rivalisierender Kandidaten um das Amt des Erzbischofs von Mainz. 1461 wurde der Mainzer Erzbischof Diether von Isenburg vom Papst wegen nicht geleisteter Zahlungen seines Amtes enthoben und dafür Adolf von Nassau zum Erzbischof ernannt. Diether von Isenburg widersetzte sich dieser Anordnung und verbündete sich mit seinem früheren Gegner, dem Kurfürsten Friedrich von der Pfalz. Für dessen Waffenhilfe gegen Adolf von Nassau verpfändete er ihm das gesamte Amt Starkenburg mit der reichen Bergstraße und weiten Teilen des Odenwaldes. Die Wiedereinlösung dieses Pfandes sollte nach Zahlung von 100.000 Gulden möglich sein. Diether von Isenburg verlor diese Auseinandersetzung mit dem Papst, und Adolf von Nassau bestätigte dem Pfalzgrafen die Pfandschaft. In der Annahme, dass die Rückzahlung dieses Pfandes dem Erzbischof von Mainz nicht möglich sei, ließ Kurfürst Friedrich sein neues Territorium durch Grenzsteine abmarken und sein Rautenwappen darauf einschlagen. Der Dreißigjährige Krieg, der zu einer Machteinbuße der Pfalz geführt hatte, brachte die Wende. Unter Vermittlung der Schweden wurde die Pfandschaft eingelöst. Das Erzstift Mainz ließ daraufhin auf den pfälzischen Grenzsteinen den Schriftzug „Abgelöst" mit der Jahreszahl 1650 und dem Mainzer Wappen einmeißeln, um den erneuten Herrschaftswechsel zu dokumentieren.



An einem mit „V" markierten Wegabzweig lag unterhalb der Weide einst der stattliche Bauernhof Neulechtern. In der „Starkenburg", der Heimatbeilage der „Südhessischen Post", berichtete im März 1954 der Lindenfelser Pfarrer Werner Geiger (1900-1975) vom Untergang dieses Bauernhofes, der Anfang des 19. Jahrhunderts mit einem schaurigen Ereignis seinen Anfang nahm:

Auf der Heimfahrt von Weschnitz löste sich durch die Erschütterung des Wagens ein Schuss aus der ungesicherten Jagdflinte des Bauern und tötete seine junge Frau. Aus Angst vor gerichtlichen Folgen floh der Bauer mit seinen Golddukaten ins Ausland. Erst einige Jahrzehnte später wurde wieder von dem Hof berichtet. Besitzerin war die Witwe des Valentin Eisenhauers, eine alte Frau, die das Anwesen nicht mehr unterhalten konnte. Nach und nach wurden Vieh, Ländereien und Mobiliar verpfändet. 1859 kam es schließlich zur Versteigerung des gesamten Besitzes. Doch kein Käufer ließ sich für den abgewirtschafteten Hof finden. Nach langem Bemühen übernahm Martin Bormuth aus Fürth, ein Anverwandter, den Hof mit allen Schulden und der Auflage, für Mutter Eisenhauer zu sor-

**Mittagsrast im Grünen**

7

gen. Aber auch ihm brachte der Hof kein Glück. Schon bald waren die Schulden wieder so angewachsen, dass erneut der Verkauf anstand. Schließlich wurde er vollends aufgegeben und verfiel.

Die Kirchenbücher der katholischen Pfarrei Fürth aber verweisen diesen Unglücksfall ins Reich der Fabel. Richtig ist, dass die Witwe des Johann Valentin Eisenhauer diesen Hof nicht mehr halten konnte und dass der neue Besitzer ihn an den Staat verkaufte, der die Gebäude abreißen und das Gelände aufforsten ließ.

Beim Zusammentreffen mit der OWK-Markierung ◇ (weiß) biegt der Grenzweg links ab. Wir folgen weiterhin dem „blauen Dreieck" bergauf. Unterhalb vom Stotz, dem höchsten Berg zwischen Oster- und Gumpertal, macht unser Wanderweg einen Rechtsbogen und führt bergab in einen Bergsattel, der eine herrliche Aussicht nach allen Seiten bietet. Von dort führt er über den Bergrücken zum Schmelzbuckel. Hinter dem Klößbuckel stoßen wir auf das **„gelbe Dreieck"** und biegen mit ihm rechts ab. Der Weg führt durch die Feldflur am Leimberg-Friedhof vorbei nach Unter-Ostern (siehe Seite 46). Hier folgen wir ein kleines Stück der K 51 in Richtung Rohrbach, biegen dann links ab und gehen steil bergauf zum Vogelherd. Auch der nun folgende Wegabschnitt ist ein herrlicher Aussichtsweg. Unser Wanderweg mündet danach in einen breiten Wirtschaftsweg. Unmittelbar darauf quert der örtliche Rundweg **Ro 2** unseren Weg, dem wir nach links bergauf folgen. Er mündet in den Bergbau-Lehrpfad von Rohrbach (siehe Seite 47). Ihm folgen wir nun bis zum Gasthof „Lärmfeuer“. Von dort gehen wir mit dem **Rundweg** ⑥ des Naturparks geradeaus weiter, überqueren die K 51 und wechseln kurz vor dem Forsthaus „Roter Kandel“ auf die OWK-Markierung ◇ (weiß) über, der wir nach rechts folgen. Auch der Name des Forsthauses verweist auf Erzvorkommen und bezieht sich auf das durch Oxidation rost-rot gefärbte Wasser. In der Tat wurden in seiner unmittelbaren Nähe Überreste eines Hüttenbetriebes aus dem 13. oder 14. Jahrhundert gefunden. Nach dem damals bekannten Verfahren, dem Rennfeuer, wurde das erzhaltige Gestein auf brennender Holzkohle und unter kräftiger Luftzufuhr so stark aufgeweicht, dass das Erz aus dem Gestein herausgeschlagen werden konnte. Der bei dem Forsthaus gefundene Schmelzofen hatte einen inneren Durchmesser von 60 cm und eine Höhe von etwa 2 Meter.

7

Mit der OWK-Markierung ◇ (weiß) gehen wir geradeaus an dem Forsthaus vorbei, überqueren oberhalb von Erzbach die L 3105 und laufen nach der dritten Abzweigung **ohne Markierung** geradeaus weiter. Nach wenigen Schritten stoßen wir auf den **Rundweg** ① des Naturparks, dem wir nach rechts zwischen Waldrand und Weide bergauf folgen. Auf der Höhe gehen wir mit dem Verbindungsweg **„V“** geradeaus weiter, desgleichen mit der örtlichen Markierung **O 5**, die uns wieder zurück nach Weschnitz bringt.

# Alte Kirchen und herrschaftliche Höfe

| | |
|---|---|
| *Charakteristik:* | *Reizvolle Landschaft, herrliche Ausblicke und historische Sehenswürdigkeiten* |
| *Beste Wanderzeit:* | *Ganzjährig* |
| *Ausgangspunkt:* | *Naturpark-Parkplatz „Fuchshütte"* |
| *Karten:* | *TF 20-6 „Mittlerer Odenwald"* |
| *Markierungen:* | *✚ (blau) – ✚ (rot) – Ⓥ – B 6 – BK 1 – ✚ (blau) – B 4 – B 5 – Ⓥ – ②* |

8

| Ort | km | Zeit | Höhe | Informationen |
|---|---|---|---|---|
| Ⓟ Fuchshütte | 0,0 | 0:00 | 428 | ℹ ✆ (06063) 95990 |
| Spreng | 1,3 | 0:20 | 385 | |
| Hembach | 2,8 | 0:50 | 340 | KD Flachsdörre |
| Kirchbrombach | 2,9 | 0:50 | 285 | KD 🍴 🛏 |
| Langenbrombach | 1,5 | 0:30 | 255 | 🍴 |
| Russeneiche | 2,3 | 0:45 | 335 | ND |
| Rehbach | 0,8 | 0:15 | 280 | KD 🍴 🛏 Hofgut |
| Ⓟ Fuchshütte | 3,8 | 1:15 | 428 | |
| Gesamtstrecke | 15,4 | 4:45 | | Schwierigkeit: Ausdauer |

Ausgangspunkt unserer Wanderung ist der Naturpark-Parkplatz „Fuchshütte" an der L 3260 zwischen Ober-Mossau und der Spreng. Vom Parkplatz folgen wir der OWK-Markierung ✚ (blau) den leicht ansteigenden Weg in nördlicher Richtung. Der Weg führt durch den Wald oberhalb der Spreng vorbei zur B 47. Der Name „Spreng" ist eine Ableitung von „Spring" und bezieht sich auf die in der Nähe gelegene Quelle des Brombaches, der bei Zell in die Mümling fließt und dem Tal seinen Namen gegeben hat.

An der B 47 wechseln wir unser Markierungszeichen und folgen der OWK-Markierung ✚ (rot) nach links. Nach jeweils ca. 100 Meter biegen wir zweimal hintereinander rechts ab und folgen dem „roten Kreuz" zum Waldrand hinauf. Links neben der Schutzhütte, gleich am Anfang des Weges, befindet sich die frühere Richtstätte der Zent Ober-Kainsbach.

Die ehemalige Grafschaft Erbach und die Herrschaft Breuberg hatten ihre Territorien in Zentbezirke mit eigener

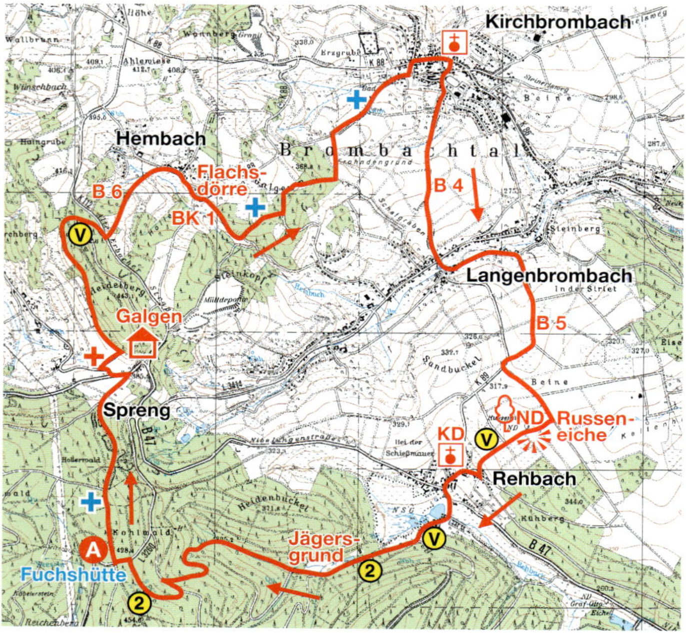




Gerichtsbarkeit eingeteilt. Ober-Kainsbach wurde 1551 von der breubergischen Zent Kirchbrombach abgetrennt und im Hoheitsbereich der Grafen von Erbach zu einer eigenständigen Zent erklärt. Die dazugehörige Richtstätte wurde erstmals 1577 erwähnt. 1623 war der Galgen zusammengebrochen. Die Neuerstellung kostete 14 Gulden. Beim Richtfest gab man für Essen und Trinken 99 Gulden aus. 1743 wurde der Holzgalgen durch einen „dreischläfrigen" Steinsäulengalgen ersetzt. Nach 1806 wurde den Territorialherren die Gerichtsbarkeit entzogen und die Galgen niedergelegt. Erhalten blieben das gemeindeeigene Grundstück und 9 Säulensteine, von denen einer zur Erinnerung an die einstige Richtstätte wieder aufgebaut wurde.

Von der Schutzhütte verläuft der Weg unterhalb des Heidelbergs am Waldrand entlang und bietet eine herrliche Aussicht auf das zwischen Morsberg und Kitzestein reizvoll gelegene Kainsbachtal mit seinen dem Tallauf folgenden Gehöften sowie auf die Höhenzüge jenseits des Gersprenztales mit der markanten Neunkircher Höhe. Nach Eintritt in den Wald verlassen wir die OWK-Markierung und folgen dem Verbindungsweg **„V"** nach rechts. Er mündet in den Rundweg **B 6**, dem wir nach links zur „Alten Erbacher Straße" folgen. Wir überqueren die Straße und gehen hinab nach Hembach.

Hembach wurde 1408 erstmals urkundlich als „Henebach" erwähnt und ist eine kleine Streusiedlung im Talbereich des gleichnamigen Baches. Seine Lage am Rande des kristallinen Odenwaldes wirkt sich auch auf die Bausubstanz der Häuser aus, deren Sockel vielfach aus Granit bestehen.

Im Ort wechseln wir erneut die Markierung und gehen mit dem Rundweg **BK 1** das Hembachtal abwärts. Am Waldrand, unterhalb des Dorfes, kommen wir an einer ehemaligen Flachs- und Hanfdörre vorbei, die bis um 1900 noch benutzt wurde. In den Jahren 1993/94 wurde sie vom Förderkreis zur Erhaltung der Flurdenkmäler restauriert und ist die einzige noch erhaltene Anlage im Odenwaldkreis. Früher gab es in den Odenwalddörfern oft mehrere solcher Flachsdörren. Abgelegene Bauernhöfe verfügten meist über hofeigene Dörranlagen. Der Flachs wurde geerntet, wenn die grüne Farbe der Pflanze in Gelb überging, wobei man, um möglichst lange Fasern zu erhalten, die Stengel nicht abmähte, sondern die Pflanzen mit den Wurzeln aus dem Boden zog. Zunächst wurde die Ernte auf einer abgemähten Wiese ausgebreitet, um unter Einwirkung von Sonne, Tau und Regen die Fasern zu lockern. Später wurde der Flachs auf einer Dörre ausgebreitet und die Pflanzen unter Zuführung von heißer Luft geröstet, sodass der Stengel brüchig wurde und sich die Fasern durch „brechen" und „hecheln" von den übrigen Pflanzenteilen lösten. Leinen gehörte mit zum wertvollsten Besitz einer bäuerlichen Familie und gemäß dem alten Odenwälder Sprichwort: „Selbst gesponnen, selbst gemacht, ist die beste Bauerntracht", stellte die Landbevölkerung von selbst angebautem Flachs und Hanf sowie von Schafwolle ihre Kleidung selbst her. So ist es verständlich, dass das „Flachsbrechen" nach getaner Arbeit Anlass zu kleinen Festen war. Die überschüssigen Flachsfasern wurden gebündelt und an Leinenweber verkauft.

Etwa 300 Meter unterhalb der Flachsdörre stoßen wir wieder auf das **„blaue Kreuz"** und folgen ihm nach links über den Galgenberg und an einer Golfanlage vorbei nach Kirchbrombach.

8

**Blick auf Kirchbrombach**

Die genaue Gründungszeit von Kirchbrombach ist unbekannt. Man kann jedoch davon ausgehen, dass es sich um eine sehr alte Siedlung handelt, die vom Kloster Fulda gegründet wurde. Der Name leitet sich ab vom althochdeutschen Wort „prama" = Brombeere. 1324 wurde ein „castrum Branbach" genant. Zu dieser Zeit muss auch schon eine Wehrkirche innerhalb der Burganlage bestanden haben. Der heute noch gekrümmte Straßenverlauf um den alten Ortskern entspricht dieser einst mit Wall und Graben umgebenen Anlage. Kirchbrombach war Mittelpunkt einer eigenen Zent und eine der vier Gerichts- und Verwaltungseinheiten der Herrschaft Breuberg. Im 15. Jahrhundert wurde die Burganlage aufgegeben und abgerissen. Ihre Steine fanden Verwendung in den Grundmauern der Häuser rings um den Kirchhügel. Etwa gleichzeitig mit dem Abriss der Burg entstand eine neue, dem hl. Alban geweihte, spätgotische Kirche. Sie steht inmitten des annähernd runden ehemaligen Wehrkirchhofs, dessen spätmittelalterliche Ummauerung noch vollständig erhalten ist. Der vorstehende Turm trägt am Portal die Jahreszahl 1467. Das Langhaus wurde nach einem Brand 1714/15 im barocken Stil erneuert und mit dem heutigen Turmhelm versehen. Aus dieser Zeit stammt auch die Flachdecke im Kirchenschiff. Original erhalten ist der mit einem Rippengewölbe bedeckte, gotische Rechteckchor, ebenso die Sakristei mit ihrem Netzgewölbe. Im Chor wurden 1914 bei Renovierungsarbeiten Fresken aus der Gründungszeit entdeckt sowie eine Kreuzigungsdarstellung und ein Weltgericht an den Wänden. Prunkstück der Kirche, und eines der bedeutendsten spätgotischen Kunstwerke des Odenwaldes, ist der nach 1518 entstandene Flügelaltar von Matthias Grünewald mit den Figuren des St. Alban, dessen Enthauptung auf dem Altar dargestellt ist, und zweier heiliger Bischöfe. Auf dem Friedhof, dessen Pforte die Jahreszahl 1510 trägt, sind die Grabsteine bis auf die einiger Kirchbrombacher Pfarrer des 18. Jahrhunderts abgeräumt. Die mächtige Linde erinnert an die Zentgerichtsbarkeit über 14 Dörfer.

Von Kirchbrombach folgen wir der örtlichen Markierung **B 4** durch die Pfarrgasse und die Jahnstraße am Golfplatz vorbei nach Langenbrombach. Von der Kuppe zwischen diesen beiden Ortsteilen haben wir einen herrlichen Blick nach Osten auf Momart. In Langenbrombach überqueren wir die Straße und den Brombach, biegen danach links ab und gehen talabwärts. Nach ca. 10 Minuten



**Die Russeneiche**

folgen wir dem Rundweg **B 5** nach rechts hinauf zur Russeneiche. Unterwegs sehen wir die Anlage der ehemaligen Bodenstation der in Darmstadt ansässigen *European Space Operations Control Centre (ESOC)*, die als Kontrollzentrum für die Überwachung und Steuerung von ESA-Weltraumsatelliten zuständig ist. Zu den Aufgaben von ESOC gehören die globale Erkundung von Umweltfaktoren aus dem Weltraum sowie die Erforschung anderer Planeten und der Sonne.

Die schon von weitem sichtbare, einsam stehende Russeneiche, ist eine eindrucksvolle Erscheinung. Im Volksmund hat sich die Geschichte verbreitet, dass 1813 russische Soldaten bei der Verfolgung des napoleonischen Heeres hier lagerten und so zum Namensgeber dieser Eiche wurden. Es gibt aber noch eine andere Erklärung: Im Hessischen Wörterbuch findet man die Bezeichnung „Russe" für gebrannte Tonziegel. Ein „Russenbrenner" ist ein Backsteinbrenner. Der durch Blitzschlag getroffene und von innen völlig ausgebrannte und verkohlte Baum könnte auch aufgrund dieses Ereignisses seinen Namen erhalten haben. Das Wunderbare aber ist, dass trotz des Brandes der Baum noch vital und im Sommer vollständig begrünt ist.

Von der Russeneiche führt der Weg hinab nach Rehbach. Schon von weitem zieht der Kirchturm den Blick auf sich. Er ist Rest eines der ältesten sakralen Bauwerke des Odenwaldes. 1095 wurden dem Kloster Steinbach erstmals Güter in Rehbach bestätigt. Bei dieser Ersterwähnung fehlt noch ein Hinweis auf eine „ecclesia". Sie erfolgte 1113 in Verbindung mit 5 Huben. Eine urkundliche Ersterwähnung aber sagt noch nichts über das eigentliche Alter und die Entstehung aus. Baustil und Steintechnik des Chorturms, dem einzigen Rest der alten Kirche, verweisen auf das 11. und 12. Jahrhundert. Auch die zwei karolingischen Steinsärge, die heute an der Südmauer des Kirchfriedhofes aufgestellt sind und die bei Ausgrabungen 1854/55 innerhalb der alten Kirchenmauern gefunden wurden, sind spätestens ins 12. Jahrhundert datierbar. 1257 wurde eine Zugehörigkeit Rehbachs zum Mossauer Johanniterorden beurkundet. Durch Übereignungen der Schenken von Erbach an den Johanniterorden scheint ein Besitzwechsel erfolgt zu sein. Seit dieser Zeit wurde Rehbach auch nie mehr als Pfarramt genannt und bis zur Reformation nur

**Kirchturm von Rehbach**

8

noch als Mossauer Filialkirche erwähnt. Danach wurde Rehbach Filiale von Michelstadt. Im 19. Jahrhundert wurde die Kirche bis auf den Chorturm und der angebauten Sakristei abgerissen. Ob dieses niedergelegte Langhaus das ursprüngliche war, ist heute nicht mehr nachweisbar. Der Gründungsbau aber muss eine kleine Saalkirche mit schmälerem Rechteckchor gewesen sein, ähnlich der heute noch bestehenden Friedhofskirche in Rai-Breitenbach.

Heute ist dem Turm, der neben den romanischen auch gotische Elemente aufweist, wie z. B. die rundbogigen Doppelfenster oder das Sterngewölbe im Erdgeschoss mit den Wappen Erbachs und des Johanniterordens in den Schlusssteinen, eine kleine Friedhofskapelle angegliedert.

Im Dreißigjährigen Krieg starb das Dorf völlig aus. Es wäre vielleicht ähnlich wie Eulbach als selbstständiges Dorf nie mehr aufgebaut worden, wenn die Grafen von Erbach-Fürstenau die vormals 10 ½ Huben nicht zu drei gräflichen Erbpachthöfen zusammengelegt hätten, und ohne die Kirche.

Der Hohenloher Hof, etwas unterhalb des Kirchfriedhofs, benannt nach der Gräfin Luise Eleonore, geb. Prinzessin zu Hohenlohe-Ingelfingen (1835-1913), ist eines der größten Hofgüter des Odenwaldes. Um das stattliche Wohnhaus gruppieren sich Wirtschaftsgebäude des 19. Jahrhunderts. Imponierend ist vor allem ein spätklassizistisches Stallgebäude aus Buntsandstein, dessen dreischiffiger, kreuzgewölbter Innenraum dreißig von Säulen mit Würfelkapitellen geschiedene Joche enthält. Solch herrschaftliche Stallgebäude waren ausschließlich dem Adel vorbehalten. Eine zweite, unter Denkmalschutz stehende Hofanlage, befindet sich in der Nibelungenstraße. Auch sie zählt zu den größten Hofanlagen im gesamten Kreisgebiet. Um das repräsentative Wohnhaus mit Eckquaderung und zweiläufiger Freitreppe, gruppieren sich Stallungen und Scheunen. Der frühere Schafstall ist ein spätklassizistischer, dreischiffiger Steinbau aus der Mitte des 19. Jahrhunderts zu vier Jochen, deren Kreuzgewölbe von Säulen mit Würfelkapitellen getragen werden.

An der Nibelungenstraße in Rehbach folgen wir dem Verbindungsweg **„V"** am Rehbacher See vorbei zum Jägersgrund. Bis 1578 wurden in Rehbach in einem gräflichen Hochofen die bei Mossau, Zell und Momart geförderten Erze geschmolzen. Mauerreste am See werden als Spuren einer Erzgesteinwäsche gedeutet.

Im Jägersgrund stoßen wir auf den **Rundweg** ② des Naturparks und folgen ihm den idyllischen Talgrund aufwärts zurück zum Parkplatz „Fuchshütte".

# Die Johanniter im Mossautal

| | |
|---|---|
| *Charakteristik:* | *Historischer Streifzug durch die Geschichte von Mossau* |
| *Beste Wanderzeit:* | *Ganzjährig* |
| *Ausgangspunkt:* | *Ober-Mossau* |
| *Karten:* | *TF 20-6 „Mittlerer Odenwald"* |
| *Markierungen:* | *◇ (weiß) – Mo 1 – ◇ (weiß)* |

| Ort | km | Zeit | Höhe | Informationen |
|---|---|---|---|---|
| Ober-Mossau | 0,0 | 0:00 | 345 | ℹ ✆ (06062) 9199-0 |
| Lärmfeuer | 2,8 | 1:00 | 501 | Schutzhütte, KD |
| Am Bild | 0,8 | 0:15 | 470 | KD |
| Steinerner Tisch | 3,1 | 1:00 | 443 | KD |
| Schlagbaum | 1,4 | 0:25 | 470 | |
| Fuchshütte | 2,2 | 0:45 | 430 | Schutzhütte |
| Mossauer Höhe | 4,3 | 1:15 | 404 | Aussichtspunkt |
| Ober-Mossau | 1,2 | 0:20 | 345 | ▣ |
| Gesamtstrecke | 15,8 | 5:00 | | Schwierigkeit: Ausdauer |



Die Ersterwähnung von Mossau findet sich in einer 1253 ausgestellten Urkunde vom Erzbischof Gerhard I. von Mainz an den Johanniterorden, in der er ihnen Besitz- und Patronatsrecht in „Mosahe" und einiger umliegenden Siedlungen bestätigt. Eine solche Bestätigung verweist auf ein bereits vorhandenes Besitz- und Patronatsrecht und bezieht sich auf eine urkundlich nicht belegbare Schenkung der Schenken von Erbach an den Johanniterorden.

Wann die Schenken von Erbach in den Besitz des ursprünglich dem Kloster Lorsch übereigneten Gebietes gekommen waren, ist nicht bekannt (siehe Seite 8). Da man aber nur Eigentum verleihen bzw. verschenken kann, muss also vor 1253 ein Besitzwechsel erfolgt sein. Vermutet wird eine Entfremdung des Lorscher Klosterbesitzes durch den Lehensnehmer.

Man nimmt heute als gesichert an, dass die Schenken von Erbach, die fest in die staufische Reichspolitik eingebunden waren, Kaiser Friedrich I. Barbarossa auf seinen Zügen nach Italien sowie auf seinen Kreuzzügen ins Heilige Land begleitet haben und spätestens dort den vom Kaiser besonders geförderten Ritterorden kennen

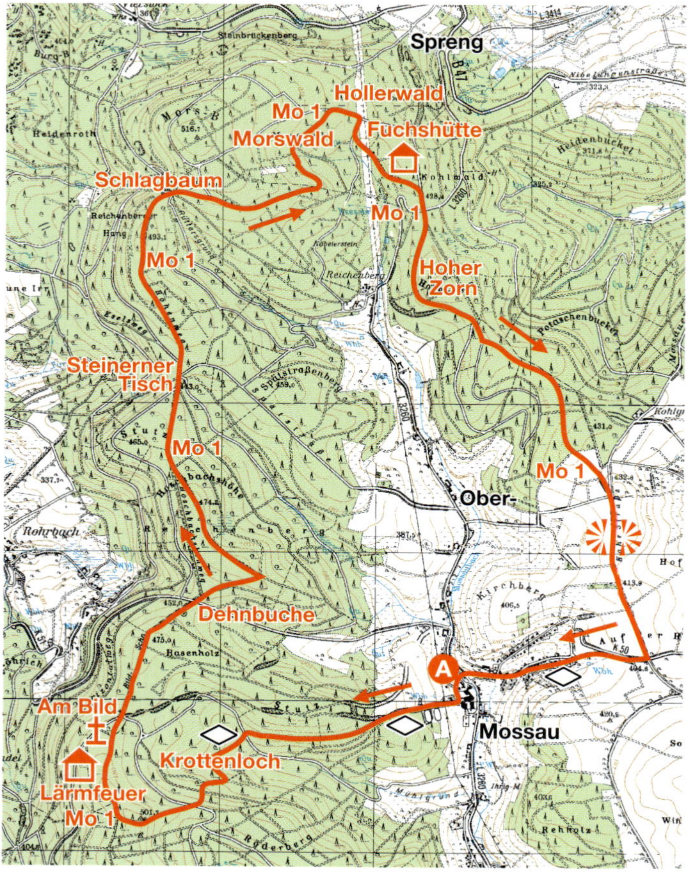


und schätzen gelernt haben. Dieser Orden, dessen katholischer Ordensteil seit 1530 auch Malteser-Orden genannt wird, war 1113 von Gérard, einem Provençalen, in Jerusalem zur Pilgerbetreuung und Krankenpflege gegründet worden. Er bestand aus Geistlichen, Rittern und Brüdern. Unter Gérards Nachfolger, Raimond de Puy, wandelte sich die Gemeinschaft in einen Ritterorden, der von einem Großmeister geleitet wurde. Da der Orden dem Papst unmittelbar unterstand, hatte er auch das Recht seine Pfarreien selbst zu besetzen. So waren bis zur Reformation die Pfarrer von Ober-Mossau Ordensgeistliche.

1290 wurde erstmals eine Kirche in „Mosahe" erwähnt, die sich zur Mutterkirche eines Kirchspiels entwickelte.

Als die Grafen 1542 die Reformation einführten, geschah dies unter heftigem Protest der Ordensleute. 1557 wurde nach einem Brand des Pfarrhauses das Kirchspiel aufgehoben und Ober-Mossau nach Michelstadt bzw. Unter-Mossau nach Güttersbach eingepfarrt.

Der Dreißigjährige Krieg brachte Ober- und Unter-Mossau an den Rand des Untergangs. Brandschatzung, Mord und Pest hatten die Bevölkerung fast aussterben lassen. Auch die nachfolgenden Kriege brachten die Leute in starke Bedrängnis. Armut und Arbeitslosigkeit waren Ursache einer Auswandererwelle, besonders nach Amerika.

Ausgangspunkt unserer Wanderung ist die Ortsmitte von Ober-Mossau. Von hier folgen wir der OWK-Markierung ◇ (weiß) an der Brauerei vorbei bergauf. Auf der Höhe des Sportplatzes steht an der rechten Wegseite ein Granitfindling, der an den plötzlichen Tod des Grafen Georg Albrecht zu Erbach-Erbach erinnert. Vom Waldrand verläuft der Weg ohne Steigungen durch abwechslungsreichen Mischwald am Berghang entlang. Beim Querweg folgen wir unserer Markierung über die Kreuzung hinweg geradeaus zum Krottenloch. Der Name verweist auf ein sumpfiges und wasserreiches Gebiet. Der Weg führt dann den Berghang aufwärts zum Lärmfeuer. 1902 wurde hier zum Gedenken an den 1888 verstorbenen Mitbegründer und 1. Vorsitzenden des Odenwaldklubs, Forstmeister Wilhelm Ihrig, ein Aussichtsturm errichtet. 1950 musste dieser wegen Baufälligkeit abgerissen werden, und auf seinen Fundamenten errichtete man eine Schutzhütte. Gegenüber der Hütte, etwas im Wald versteckt, befindet sich ein Gedenkstein mit dem Erbacher 3-Sterne-Wappen und der Inschrift :"Omnia cum Deo et nihil sine eo" (Alles mit Gott, nichts ohne ihn). Es ist der Gedenkstein des Grafen Erasmus zu Erbach-Erbach, gestorben am 10. Februar 1920.

Früher gehörte das Lärmfeuer zu einem Netz von Signalstationen, die miteinander verbunden waren und es ermöglichten, dass wichtige Nachrichten in kurzer Zeit übermittelt werden konnten. Diese Signalstationen wurden erstmals im Dreißigjährigen Krieg erwähnt. Sie waren Glied einer großen Verteidigungsanlage, die das Gebirge und die vorgelagerte Rhein- und Mainebene umspannte und zur Alarmierung der Bevölkerung beim Anmarsch feindlicher Truppen diente. Bei den Alarmstellen standen kleine Holzhütten für die Wachmannschaften. Im Falle eines Alarms wurde dieser durch Feuer- und Rauchsignale von Station zu Station weitergegeben. Zum letzten Male wurden diese Stationen auf Anordnung des Kurmainzer Kanzlers Freiherr von Albini um 1800 besetzt (siehe „Wanderungen im Überwald", Seite 10 f.).

Vom Lärmfeuer folgen wir dem Mossautaler Drachenweg **Mo 1**. Dieser Rundweg führt rund um die Gesamtgemeinde Mossautal, ist durchgängig mit „Mo 1" markiert und ist 51,4 km lang. Da er nicht an einem einzigen Tag bewältigt werden kann, ermöglichen zahlreiche Querverbindungen, ihn in bequemen Teilabschnitten zu durchlaufen. Bei Ober-Mossau verläuft der Drachenweg über den westlichen und östlichen Grenzweg, zwei uralten Handelsstraßen, die schon seit undenklichen Zeiten genutzt wurden, um den Weg durch die sumpfigen Niederungen zu meiden. Auf diesem Weg gehen wir vom Lärmfeuer zunächst an der Ihrig-Hütte vorbei hinab zum westlichen Grenzweg und gelangen auf diesem zu einem der ältesten Bildstöcke im Odenwald, dem „Mossauer Bild". Die Formen des Häuschens verweisen auf die spätgotische Zeit um 1500. Auf dem Schaft befindet sich ein Wappenschild mit dem noch schwach erkennbaren Zunftzeichen der Mossauer Hammerschmiede, Hammer und Zange. Nach einem weit ins Mittelalter zurückreichenden Brauch schuf man am Ende eines mühseligen Aufstiegs Gebetsstätten zu einem Dankgebet und einer kurzen Rast für Mensch und Tier. Demnach könnten es die Hammerschmiede gewesen sein, die diesen Bildstock errichtet haben, um auf ihrem Weg zur Arbeit in den Erzgruben bei Rohrbach und im Ostertal hier eine Rast einzulegen. Hier hielten auch die Pilger an, die von der Bergstraße kamen und zum „Heilig-Blut-Altar" nach Walldürn zogen, um einige Augenblicke im Gebet zu verharren. Auch nach Einführung der Reformation auf ihrem Territorium war die Toleranz der Grafen von Erbach gegenüber Symbolen des alten Glaubens recht groß, was in der Duldung dieser Bildstöcke abseits von Siedlungen zum Ausdruck kam.

Dieser Ort im alten Reichenbacher Herrschaftswald hat aber auch eine unheimliche Vergangenheit. Hier trafen sich Anfang des 19. Jahrhunderts Wildererbanden, um auf die Jagd zu gehen. Es war die Zeit der Armut und des Hungers, der viele Odenwälder Familien und ganze Dörfer zwang, die Heimat zu verlassen, um vor allem in

**Auf dem Drachenweg**

9

Amerika eine neue Existenz zu gründen. So schlossen sich junge Männer und Familienväter zusammen, um durch unerlaubte Jagd in den Herrschaftswäldern ihre Not zu lindern. Unterstützt wurden sie von den armen Kleinbauern, denen das Wild der Herrschaften oft ihre kargen Äcker verwüsteten und die für diese Schäden nicht den nötigen Ausgleich erhielten. Sie gaben den Wildschützen wertvolle Hinweise, gewährten ihnen Unterschlupf und Alibi und erhielten dafür manch Stück Wildbret.

In seinem Buch „Bildstöcke im Odenwald" berichtet Friedrich Mössinger, dass 1817 ein junger Forstmann von der Erbacher Forstbehörde zum Mossauer Bild geschickt wurde, um das Treiben der Wilderer zu beobachten. Als er von seinem Dienstgang nicht mehr zurückkehrte, stellte man Nachforschungen an, fand jedoch lediglich eine Blutlache unter einer Eiche und ein eingeritztes Kreuz in der knorrigen Rinde des Baumes. Philipp Buxbaum erzählt von einem Förster, der einen auf frischer Tat ertappten Wilddieb stellen wollte und dabei in eine Falle lief. Die Kumpanen des Wilddiebs umzingelten den Förster und zwangen ihn, sein Gewehr niederzulegen und nach Hause zu gehen, wenn er nicht erschossen werden wollte.

Vom Mossauer Bild gehen wir mit dem Rundweg Mo 1 weiter zum Parkplatz „Dehnbuche". Die Namensdeutung
9 ist ungewiss. Zum einen sagt man, dass eine vor Jahrzehnten schon gefällte Buche an einen verdienstvollen Forstmann erinnert, zum anderen sieht man einen Zusammenhang mit der Viehweide im Wald in früheren Zeiten, als man es in „den Buchen" weiden ließ.

Beim Parkplatz überqueren wir die Straße und folgen dem Drachenweg über die 474 Meter hohe Hochbachshöhe zum „Steinernen Tisch". Steinerne Tische und Bänke wurden von den Erbacher Grafen und den Forstämtern an Wegkreuzungen aufgestellt und dienten den Jagdgesellschaften als Rastplätze.

Der weitere Weg führt dann zum „Schlagbaum". Hier stoßen nicht nur 7 Wege aus allen Himmelsrichtungen zusammen, sondern auch die Gemarkungsgrenzen von Ober-Kainsbach, Kirch-Beerfurth, Bockenrod und Ober-Mossau. Vor 1806 waren diese Gemeindegrenzen gleichzeitig

**Mossauer Bild**

auch Territorialgrenze zwischen der Grafschaft Erbach und der Herrschaft Breuberg. An dieser Kreuzung befand sich ein bewachter Grenzübergang mit einer Zollschranke, an die der Flurname „Schlagbaum" erinnert. Hier biegen wir rechts ab und gehen gemächlich durch den Morswald bergab. Hollerwald und Morswald sind das Quellgebiet des Mossaubaches. Abseits der Wege findet man oft unwegsames und morastisches Gelände, worauf auch der Name „Mossaubach" = Sumpfbach verweist. Dieser Bach war vor 1544 Grenzbach. Aus Urkunden und Lehensbriefen geht hervor, dass Ober-Mossau zweigeteilt war. 1277 trugen die Reichenberger-Michelstädter Schenken dem Erzbischof von Mainz ihr Dorf Mossau zu Lehen auf. Dieses Dorf lag rechts des Mossaubaches, während sich auf der linken Bachseite der eng bebaute Siedlungskomplex um die Kirche und die Johanniterkommende befand. In einem pfälzischen Lehensbrief von 1443 wurde „Mosa" den Schenken zu Erbach-Erbach verliehen, während die Linie Reichenberg-Fürstenau „Kirchmoßauwe" bekam. Erst bei der Nutzungsteilung der Grafschaft zwischen den Brüdern Graf Georg I. und Graf Eberhard II. wurde die Zweiteilung von Ober-Mossau aufgehoben (siehe Seite 11).

9

Südlich des Hollerwaldes kommen wir an einen aus Buntsandstein gemauerten Rundbau mit kleinen Fenstern. Es handelt sich um einen alten Luderplatz im Reichenberger Forst, an dem man mit Hilfe ausgelegter Köder Raubtiere, und insbesondere Füchse – daher auch der Name „Fuchshütte" –, anlocken und schießen wollte. Heute dient dieser kleine Rundbau den Wanderern als Schutzhütte und Rastplatz.

Von der Fuchshütte gelangen wir rund 10 Minuten später auf den gleichnamigen Parkplatz des Naturparks und befinden uns nun auf dem östlichen Grenzweg von Mossautal. Hier steht ein Dreimärker mit den Buchstaben RHW für Reichenberger Herrschaftswald, FHW für Fürstenauer Herrschaftswald und MGW für Mossauer Gemeindewald.

Nach Überqueren der Straße gabelt sich unser Wanderweg, und wir laufen rechts um den „Hohen Zorn" herum. Dieser Flurname könnte an frühere Streitigkeiten erinnern. Hinter der Bergkuppe laufen die Wanderwege wieder zusammen. Dieser Grenzweg, im weiteren Verlauf als „Hohe Straße" bekannt, ist eine uralte Handelstraße. Prähistorische Funde von steinernen Werkzeugen und

Waffen beweisen, dass diese Wege schon in vorgeschichtlicher Zeit angelegt und benutzt wurden. Ihre nördliche Fortsetzung findet die „Hohe Straße" in der „Alten Erbacher Straße", die über Böllstein nach Hassenroth führt und darüber hinaus zum Otzberg und in die Dieburger Bucht. Nach Süden verläuft sie über Beerfelden zum Neckar. Zwischen dem östlichen und dem westlichen Mossautaler Grenzweg bestanden Querverbindungen, die auch heute als Wanderwege noch erhalten sind.

In der Nähe der „Kohlgrube", einem Flurnamen, der an das frühere Köhlerhandwerk erinnert, kommen wir aus dem Wald und haben auf dem nun folgenden Abschnitt bis zur Gemarkung „Auf der Höhe" einen freien Blick hinab ins Mossaubachtal und auf den das Tal wie einen schützenden Wall abschirmenden, langgezogenen Bergrücken sowie in östlicher Richtung das Steinbachtal abwärts ins Mümlingtal und auf Michelstadt. Nach der langen Waldstrecke empfindet der Wanderer diese ungehinderte Aussicht als dankbare Abwechslung.



An der Kreisstraße Ober-Mossau – Steinbach verlassen wir den Mossautaler Drachenweg und folgen der OWK-Markierung ▲ (gelb) nach rechts die Kreisstraße abwärts und dann durch die Markthohl hinab nach Ober-Mossau. Dieser Hohlweg erinnert an einen der ältesten Märkte im Odenwald, den Medardusmarkt. Medardus, Schutzpatron der Mossauer Kirche, dessen Gedenktag am 8. Juni gefeiert wird, wurde Ende des 5. Jahrhunderts als Sohn eines fränkischen Freien in Nordfrankreich geboren. Als Bischof zeichnete er sich durch seine große Barmherzigkeit aus. Die Verbindung mit dem Markt in Ober-Mossau und als Schutzpatron der dortigen Kirche geht auf den Johanniterorden zurück, denen die Schenken von Erbach Teile ihres Dorfes übereignet hatten. Zu dieser Zeit muss auch das Marktrecht schon vergeben worden sein. Im Dreißigjährigen Krieg kam der Markt zum erliegen und wurde, da Ober-Mossau völlig verwüstet war, nach den Kriegswirren im benachbarten Steinbach abgehalten. 1680 wurde er wieder nach Ober-Mossau zurückverlegt, büßte in der Folgezeit jedoch seine Eigenschaft als Viehmarkt ein, verkümmerte zum Krämermarkt und wurde schließlich aufgegeben. Außer der „Markthohl" erinnern im Ort noch der Marktplatz und der Marktbrunnen an diesen traditionsreichen Markt.

Auf unserem Weg durch das Dorf kommen wir auch an der Johanniterkirche vorbei. In der Urkunde des Mainzer Erzbischofs Gerhard I. an den Johanniterorden von 1253 wird eine bereits bestehende Kapelle als deren Besitz erwähnt sowie ihr Recht, diese mit eigenen Priestern zu besetzen. Diese Kapelle wurde zur Mutterkirche der Johanniterkommende (Verwaltungseinheit) Ober-Mossau. 1255 wurde zwischen der Kapelle und dem Komturgebäude (Verwaltungsgebäude) ein Atrium erwähnt, ein von gedeckten Säulengängen umgebener Vorhof für Büßer, Pilger und Prozessionen. 1290 war die Kapelle durch eine neue Pfarrkirche ersetzt worden. 1501 führte der Umbau des Langhauses zu einer erheblichen Kirchenerweiterung. Die Einführung der Reformation in der Grafschaft Erbach stieß auf den heftigsten Protest der Ordensleute, bewirkte ihren Auszug und führte nach dem Brand des Komturgebäudes im Jahre 1557 zur vorübergehenden Auflösung der Pfarrei. Erst 1852 wurde sie neu besetzt und die Kirche in den nachfolgenden Jahren renoviert.

Ältester Teil der heutigen Kirche ist der Chorraum mit Kreuzgewölbe. 1913 wurden bei Renovierungsarbeiten übertünchte Malereien aus dem 13. und 14. Jahrhundert entdeckt und freigelegt. Im Innern der Kirche befinden sich alte Grabplatten u.a. die eines Ordenspriesters sowie in der Südwand des Chores die von Sebaldus Ysenhauwer, gestorben 1504. Diese Grabplatte ist das älteste bekannte Eisenhauer-Denkmal im Odenwald. Die Vorfahren des 34. Präsidenten der Vereinigten Staaten von Nordamerika, Dwight D. Eisenhower, kommen nachweislich aus dem Odenwald. Auf der Inschrift der Grabplatte wird Sebaldus Ysenhauwer als „Faber" des Zisterzienserklosters Schönau bezeichnet. Danach dürfte er als Baumeister für den Umbau der Kirche zuständig gewesen sein. Weitere historische Grabsteine befinden sich auf dem Kirchhof. Besonders wertvoll ist noch ein Sandstein-Taufbecken um 1300.

Von der Kirche sind es dann nur noch wenige Schritte bis zum Ausgangspunkt unserer Wanderung.

# Von alten Wegen, alten Bäumen und vergessenen Dörfern

| | |
|---|---|
| *Charakteristik:* | *Wanderung zu historischen Stätten rund um Unter-Mossau* |
| *Beste Wanderzeit:* | *Ganzjährig* |
| *Ausgangspunkt:* | *Naturpark-Parkplatz „Tränkfeldeiche"* |
| *Karten:* | *TF 20-6 „Mittlerer Odenwald"* |
| *Markierungen:* | *Mo 1 – Hü 7 – V – Hü 8 – ③ – H 5 – ■ (blau) – Mo 3* |

10

| Ort | km | Zeit | Höhe | Informationen |
|---|---|---|---|---|
| P Tränkfeldeiche | 0,0 | 0:00 | 380 | i ✆ (06062) 91990 |
| Mossaubach | 3,9 | 0:50 | 290 | |
| Kammereiche | 0,7 | 0:15 | 360 | ND |
| Lindelbrunnen | 1,2 | 0:20 | 300 | ND |
| Zigeunerstock | 1,9 | 0:40 | 404 | |
| Hertelsberg | 1,6 | 0:30 | 490 | |
| Unter-Mossau | 3,2 | 1:00 | 330 | |
| Grenzweg | 1,1 | 0:25 | 401 | |
| P Tränkfeldeiche | 0,6 | 0:10 | 380 | |
| Gesamtstrecke | 14,2 | 4:10 | | Schwierigkeit: mittel |

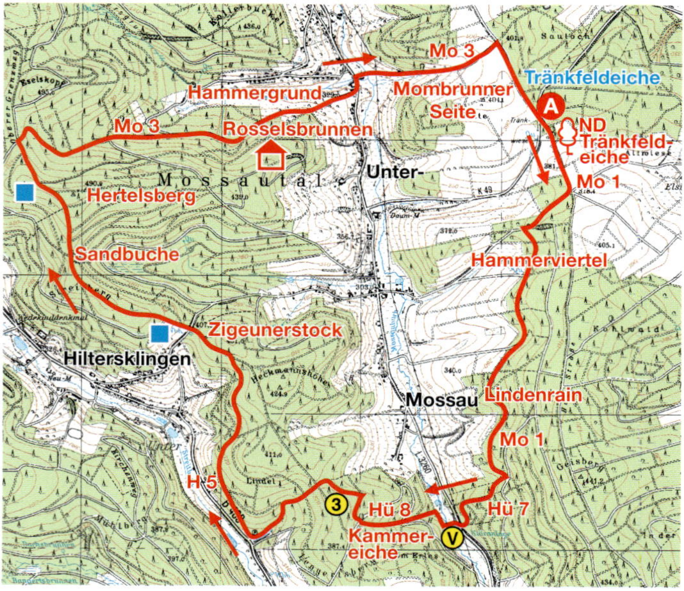

Ausgangspunkt unserer Wanderung ist der Naturpark-Parkplatz „Tränkfeldeiche" an der „Hohen Straße" zwischen Unter-Mossau und Erbach. Prähistorische Funde in ihrem Umfeld dokumentieren, dass diese uralte Handelsstraße schon unseren Vorfahren bekannt war (siehe Seite 73). Die Häufung der Namen Tränkwiese, Tränkquelle, Tränkfeldweg und Tränkfeldeiche verweisen auf die Bedeutung dieser Örtlichkeit.

Vom Parkplatz folgen wir dem Mossautaler Drachenweg **Mo 1** zur Tränkfeldeiche. Dieser Baumveteran steht an einer ehemals bekannten Wegkreuzung nach Elsbach und Erbach. Durch die Flurbereinigung nach dem Zweiten Weltkrieg ist der heutige Wegverlauf gegenüber früher verändert, wodurch der Standort der Eiche den ehemals markanten Kreuzungscharakter verloren hat. Forstleute schätzen das Alter des Baumes auf etwa 800 Jahre. Damit ist die Tränkfeldeiche nach der „Dicken Eiche" bei Airlenbach der zweitälteste Baum im Odenwald. Dieser Baum sah die Anfänge Mossaus, an ihm zogen Kaufleute und Kriegsvolk vorbei, hier trafen sich Liebespaare und müde Wanderer ruhten sich in seinem Schatten aus. Auffallend an dieser Eiche ist der knorrige und wulstige Stamm mit ausgeprägter Beulenbildung bis hinauf zu den ersten Ästen. Der Umfang des Stammes beträgt 5,75 m, die Höhe der Eiche 21 m. Vor Jahren hat ein Blitzschlag eine tiefe Rinne hinterlassen, an der sich ein länglicher Faulherd entwickelte. 1990 wurde die Tränkfeldeiche saniert. Bruchgefährdete und abgestorbene Äste wurden entfernt, Risse und Löcher geschlossen und der Baum wieder freigestellt.



Von der Tränkfeldeiche führt der Weg weiter die „Hohe Straße" entlang zur Einmündung des Elsbacher Weges. Hier steht auf der rechten Seite ein alter Wegweiserstein mit Richtungs- und Zeitangaben. An dieser Stelle biegen wir rechts ab und laufen die asphaltierte Straße ein Stück in Richtung Unter-Mossau. Nach etwa 500 Meter biegen wir links in einen Forstweg ein, der sich in Waldrandnähe am Hang entlangschlängelt. Der erste Wegabschnitt verläuft durch das „Hammerviertel". Dieser Name erinnert an früheren Erzabbau. In der Tat wurden auf der Gemarkung Reste eines Wasserkanals entdeckt, der mit Steinen abgedeckt war. Auch die zahlreichen Schlackenreste bezeugen einen ehemaligen Eisenhammer.

Ebenfalls einen historischen Bezug hat der nachfolgende Flurname „Lindenrain". Bezeichnungen im Zusammenhang mit „Linde" verweisen oft auf mittelalterliche Gerichtsplätze. Am Lindenrain stand die Haingerichtslinde, unter der das Dorfgericht tagte.

Wenig später verlassen wir an einer markanten 5-Wege-Kreuzung den Drachenweg und folgen dem Rundweg **Hü 7** hinab ins Tal. Hier überqueren wir die Straße, laufen am Klärwerk vorbei und biegen hinter dem Mossaubach rechts ab. Neues Wanderzeichen ist das **„V"** eines Verbindungsweges. Hinter dem Jagdhaus führt unser Weg eine Klinge aufwärts. Am ersten Querweg stoßen wir auf die Markierung **Hü 8** und folgen ihr die Klinge weiter aufwärts zur Kammereiche. Dieser Baum trägt den Namen des langjährigen Leiters des Forstamtes Beerfelden, Oberforstmeister Georg Kammer. Ihr Alter wird auf etwa 200 Jahre geschätzt.

An der Kammereiche gehen wir mit dem **Rundweg** ③ des Naturparks den Waldweg aufwärts, der rechts am Baum vorbeiführt. Nach einem kleinen Anstieg in einem Rechtsbogen knickt der Weg links ab, verläuft eben an einem Wildacker vorbei und führt nach einem erneuten Linksknick hinab zum Lindelbrunnen. Auch dieser Brunnen gehört zu den so genannten Siegfriedbrunnen, an der Siegfried von Hagen ermordet worden sein soll. Die Quelle wurde bereits 773 n. Chr. in der Grenzbeschreibung der Mark Heppenheim erwähnt. Der bis heute unbekannte Dichter beschreibt in seinem Heldenepos das Leben von Kriemhild und Siegfried am Hofe des Burgunderkönigs Gunther, wie Siegfried für Gunther Brunhild gewann und dafür Kriemhild zur Frau bekam, wie sein Geheimnis der Unverwundbarkeit verraten, und er von Hagen von Tronje bei einem Jagdzug in den Odenwald aus einer Quelle trinkend hinterrücks erstochen wurde.

Das Nibelungenlied war im Mittelalter weithin bekannt und in zahlreichen Handschriften kopiert. Die Ortsbeschreibungen aber sind so vage, dass gleichzeitig von mehreren Brunnen der Anspruch erhoben wird, die authentische Quelle gewesen zu sein, an der Hagen seinen infamen Meuchelmord an Siegfried verübte. In der Nähe des Lindelbrunnens sind dies der Siegfriedbrunnen bei Gras-Ellenbach, der Hildegeresbrunnen und die Quelle am Fuße des Felsenmeeres bei Reichenbach. Wahrschein-

**Am Lindelbrunnen**

10

lich wird es sich niemals feststellen lassen, an welcher Stelle genau sich dieses dramatische Ereignis abgespielt hat.

Vom Lindelbrunnen gehen wir vor bis zur Fahrstraße und biegen unmittelbar davor mit der örtlichen Markierung **H 5** rechts ab. Der Weg führt am Berghang aufwärts und unterhalb der Heckmannshöhe vorbei zum Zigeunerstock.

Der Name „Zigeuner" in Verbindung mit Flur- oder Eigennamen ist im Odenwald sehr häufig. In den Karten findet man Zigeunerdelle, Zigeunerkopf, Zigeunerbuche, Zigeunerbrunnen u. ä. Bezeichnenderweise finden sich diese Namen fast immer in der Nähe von Gemarkungs- oder gar Territorialgrenzen. Nach Rolf Reutter, Darmstadt, erließ Kurmainz Anfang des 18. Jahrhunderts eine Verordnung, dass wegen des Zigeuner- und Lumpengesindels an allen Straßen Stöcke mit der Warnung „Hüte Dich, Zigeuner!" aufgestellt werden sollten. Um die Zigeuner nicht innerhalb der eigenen Gemarkung zu haben, wies man ihnen Lagerplätze an der Ortsgrenze zu. Die Bevölkerung misstraute ihnen und fühlte sich belästigt, da ihnen ihre Lebensweise fremd war. Auffallend war, dass sich unter ihnen durchweg kräftige und gesunde Männer und Frauen befanden. Erzählungen nach entledigte man sich der alten und gebrechlichen Leute, indem man sie hinterrücks umbrachte. So erzählt Werner Hades, dass eines Tages Zigeu-

Waldidylle

ner am Zigeunerstock lagerten und in ihrer Gesellschaft eine alte Frau hatten. Nachdem alle gegessen und getrunken hatten, trat ein kräftiger Mann heimlich hinter die Alte und schlug ihr mit einem Beil auf den Kopf, sodass sie tot hinsank. Dann begruben die Zigeuner die Frau unter einer Tanne. Auf diese oder ähnliche Weise entledigte man sich der alten und gebrechlichen Leute, damit sie der Sippschaft nicht zur Last fallen.

10

Vom Zigeunerstock folgen wir der OWK-Markierung ■ (blau) über die Straße bergauf zum Streitberg und von dort zum Rastplatz Sandbuche. Früher stand hier eine mächtige Rotbuche, die innerhalb weniger Monate zusehends abstarb und 1996 aus Gründen der Verkehrssicherung gefällt werden musste. An ihrer Stelle wurde eine neue Buche gepflanzt. Im Kreuzungsbereich kommt von rechts auch der örtliche Rundweg **Mo 3** auf unseren Wanderweg, dem wir nun zusammen mit der OWK-Markierung geradeaus bergauf folgen. Die Grenzsteine am Wegrand haben heute nur noch innerörtliche Bedeutung zwischen den beiden Ortsteilen Unter-Mossau und Hiltersklingen. Hinter dem Hertelsberg geht es dann bergab. An der nachfolgenden Wegkreuzung verlassen wir das „blaue Viereck" und gehen mit dem Rundweg Mo 3 hinab in den Hammergrund. Nach etwa einer halben Stunde kommen wir an den Rosselbrunnen. 1974 wurde vom Verkehrsverein Mossau in Hinblick auf den zunehmenden Fremdenverkehr mitten im Wald eine schön gelegene Kneippanlage mit Schutzhütte geschaffen. Diese Anlage, die durch die Kombination der Rundwege Mo 3 und Mo 4 zu einem gemächlichen Spaziergang rund um den Hammergrund eingebunden werden kann, ist ein gern besuchter Rastplatz für Wanderer und Urlaubsgäste. Auch der Flurname „Hammergrund" verweist wie die weiter oben erwähnte Flurbezeichnung „Hammerviertel" auf den früheren Eisenerzbergbau.

An der Straße in Unter-Mossau wenden wir uns nach links, gehen diese ein kleines Stück aufwärts und biegen dann wieder rechts ab.

Mossau ist ein langgestrecktes Hubendorf, das sich rund 8 km am Mossaubach entlangzieht. „So lang wie Mosse" ist ein geflügeltes Wort im Odenwald. Die Drei- und Vierseithöfe mit historischer Bausubstanz stellen auch heute noch ein wichtiges Element im Landschaftsbild dar.

Unser Wanderweg führt nun zwischen „Rehholz" und „Mombrunner Seite" bergauf. Der letzte Flurname erinnert an ein ehemaliges Dorf, über das kein Urkundenmaterial vorliegt und dessen genaue Lage unbekannt ist. Aus Nachforschungen aber weiß man, dass die Pfarrei Michelstadt ein Drittel und das Kloster Steinbach zwei Drittel des Zehnten von diesem Dorf bezogen. Der Ort lag nordöstlich von Unter-Mossau. Bei einem Gütervergleich der beiden Grafenbrüder Georg und Eberhard einigte man sich, dass nach Kauf des Steinbacher Klostereigentums Graf Eberhard den Klosterzehnten von Mombrunn erhalten sollte. Zu diesem Zeitpunkt war die Siedlung Mombrunn aber schon längst untergegangen und deren Felder wurden von Hübnern aus Unter-Mossau bewirtschaftet. Sprachlich bedeutet der Name soviel wie „Siedlung des Mamo am Brunnen". Mit diesem Brunnen könnte vielleicht die Tränkfeldquelle gemeint gewesen sein.



1957 wurde der Flurname „Mombrunner Seite" durch den Fund eines prähistorischen Steinbeiles aus der Jungsteinzeit weithin bekannt. Es handelte sich dabei um eine steinerne Arbeitsaxt mit sauber gebohrtem Loch. Unverständlicher Weise ist dieser kostbare Bodenfund verloren gegangen.

Auf der Höhe erreichen wir wieder die „Hohe Straße", auf der wir, rechts abbiegend, zurück an unseren Ausgangspunkt gelangen.

# Zwischen Mümling- und Mossautal

| | |
|---|---|
| *Charakteristik:* | *Abwechslungsreiche Wanderung durch die Wald- und Feldflur* |
| *Beste Wanderzeit:* | *Ganzjährig* |
| *Ausgangspunkt:* | *Lauerbach* |
| *Karten:* | *TF 20-6 „Mittlerer Odenwald“* |
| *Markierungen:* | *E 2 – ✚ (blau) – Ⓥ – ▲ (rot)* |

| Ort | km | Zeit | Höhe | Informationen |
|---|---|---|---|---|
| Lauerbach | 0,0 | 0:00 | 220 | ℹ ✆ (06062) 9433-0 |
| Elsbach | 2,5 | 0:50 | 350 | |
| Hohe Straße | 1,3 | 0:25 | 378 | |
| Geisberg | 2,2 | 0:45 | 440 | |
| Haisterbacher Hof | 3,0 | 0:50 | 388 | Hofgut |
| Lauerbach | 4,1 | 1:10 | 220 | |
| Gesamtstrecke | 13,1 | 4:00 | | Schwierigkeit: mittel |

11

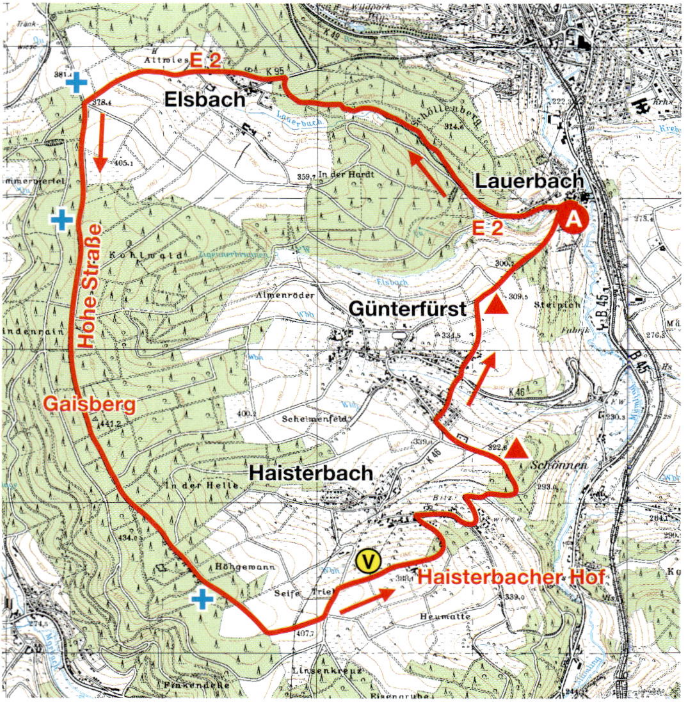

Ausgangspunkt unserer Wanderung ist der kleine Erbacher Stadtteil Lauerbach. 1290 wurde er erstmals als „Lurbuch“ und 1507 als „Luerbach“ urkundlich erwähnt. Aufgrund seiner günstigen Lage an der Mümling gab es im Ort seit jeher zahlreiche Mühlen und Gerbereien.

Von dem schön gestalteten Dorfplatz in der Ortsmitte folgen wir dem örtlichen Rundweg **E 2** durch das Dorf in ein reizvolles Waldtal. Der Wanderweg führt am Lauerbach aufwärts nach Elsbach. Kurz vor dem Ort kommen wir auf die K 95 und folgen ihr nach links in das Dorf. Gleich am Ortseingang befindet sich die Waldgaststätte „Zur Erholung“, den Einheimischen besser bekannt unter der Bezeichnung „Käs-Back“. Dieser Name erinnert an Georg Back, dem 1904 durch den Erbacher Kreisausschuss die Schankerlaubnis erteilt wurde. Seitdem ist diese Waldgaststätte ein beliebtes Wanderziel.

Der Ortsname leitet sich ab von „Eller“ = Erle und bezeichnet eine Siedlung an einem von Erlen gesäumten Bach. Die urkundliche Ersterwähnung des einstigen Waldhubendorfes erfolgte schon 1095 als „Alingisbach“. Über *Ellingspach, Elnsbach* und *Eleßbach* kam es zur heutigen Schreibweise. Dieser abseits vom Verkehr gelegene Ort, der nur durch eine Stichstraße vom Brudergrund her an das Straßennetz angeschlossen ist, strahlt auf den Besucher eine geruhsame Landschaftsidylle aus. Dank dieser Abgeschiedenheit findet man hier ein stark ausgeprägtes Dorfleben. Besonderen Wert legt man auf Sauberkeit und schmuckes Aussehen. Ein schönes Beispiel hierfür ist das in Eigenleistung liebevoll gestaltete Bushäuschen. 11

Unser Wanderweg führt uns durch den Ort hinauf zur „Hohen Straße“, einer im Mittelalter wichtigen Nord-Süd-Verbindung (siehe Seite 73). Kurz vorher hat man einen herrlichen Blick zurück auf das von Ackerfluren und Wäldern umgebene Elsbach. Aus der Entfernung empfindet man die Geruhsamkeit, die dieser Ort ausstrahlt und die weder durch Verkehr, noch Technik oder Industrie gestört wird, besonders deutlich.

An der „Hohen Straße“ wenden wir uns nach links und folgen der OWK-Markierung ■ (blau) am Waldrand entlang. Hier verläuft ein alter Grenzweg, der heute als Gemarkungsgrenze noch Gültigkeit hat. Besonders auffällig sind die zahlreichen E/G-Steine, die anlässlich der Nutzungsteilung der Grafschaft unter den Brüdern Georg

I. und Eberhard II. 1544 gesetzt wurden (siehe Seite 11). Außer ihnen findet man noch Grenzsteine jüngeren Datums wie z.B. den Dreimärker von 1792, der die Grenze zwischen Unter-Mossau, Günterfürst und Hüttenthal markiert oder solche, die den Besitz ausweisen wie z.B. HW für „Herrschaftswald".

Oberhalb von Haisterbach kommen wir aus dem Wald. Kurz hinter einer Hochspannungsleitung verlassen wir die OWK-Markierung und gehen mit dem Verbindungsweg **„V"** nach links hinab nach Haisterbach.

Haisterbach und sein nördlicher Nachbar Günterfürst liegen von Feldern, Weiden und Wäldern umgeben zwischen Mümling- und Mossaubach auf dem südlichen Ausläufer eines langgezogenen Bergrückens des Buntsandstein-Odenwaldes. Auch diese beiden Dörfer sind nur durch eine Stichstraße aus dem Mümlingtal an das Verkehrsnetz angeschlossen. Oberhalb vom Ort kommen wir am Haisterbacher Hof vorbei. Dieses große, vierseitig geschlossene Anwesen, ist ebenfalls ein ehemaliges gräflich-erbachisches Hofgut aus dem 18. Jahrhundert. Der heutige Bestand stammt größtenteils aus der Mitte des 19. Jahrhunderts; so das zweistöckige massive Wohnhaus im spätklassizistischem Stil, die Fruchtscheuer und ein mehrschiffiger Kuhstall von 1864 mit darüberliegendem Heuboden. Außerhalb des Hofes befindet sich ein schön gestalteter Ziehbrunnen. Dieser Hof liegt in dominierender Lage auf einer Anhöhe über dem Dorf und bietet einen prachtvollen Ausblick. Ähnlich wie bei Elsbach hat die abgeschiedene Lage großen Anteil an der intakten und engagierten Dorfgemeinschaft.

Gleich am Dorfeingang biegt unser Verbindungsweg rechts ab und mündet wenig später in die OWK-Markierung ▲ (rot). Hier halten wir uns links und folgen diesem Wanderweg nach Günterfürst. Dieser Ort wurde 1347 als „Gunderfirst" erstmals urkundlich erwähnt. Sein Name ist die Zusammensetzung eines Eigennamens mit dem althochdeutschen Wort „first" = Bergrücken und steht nicht im Zusammenhang mit dem Adelstitel „Fürst".

Unser Wanderweg führt am östlichen Dorfrand entlang und von dort über eine sich zuspitzende, steile Bergnase hinab nach Lauerbach.

# Im Brudergrund

| | |
|---|---|
| *Charakteristik:* | *Wanderung auf den Spuren der Schenken und Grafen von Erbach* |
| *Beste Wanderzeit:* | *März – November* |
| *Ausgangspunkt:* | *Erbach, Marktplatz* |
| *Karten:* | *TF 20-6 „Mittlerer Odenwald“* |
| *Markierungen:* | *▲ (rot) – ③ – ▲ (gelb) – ◇ (weiß)* |

| Ort | km | Zeit | Höhe | Informationen |
|---|---|---|---|---|
| Erbach | 0,0 | 0:00 | 210 | ℹ ✆ (06062) 9433-0 |
| Sophienhöhe | 1,6 | 0:30 | 290 | Aussichtstempel |
| Mossauer Höhe | 3,6 | 1:15 | 411 | Rastplatz |
| Rossbach | 0,9 | 0:15 | 330 | Gräfliches Hofgut |
| Brudergrund | 2,2 | 0:35 | 270 | Wildgehege, Kirchenruine |
| Erbach | 1,6 | 0:25 | 210 | Museen |
| Gesamtstrecke | 9,9 | 3:00 | | Schwierigkeit: leicht |

12

Die Bedeutung der Stadt Erbach ist eng mit dem Hause Erbach verbunden. Als Reichministeriale, Schenken der Pfalzgrafen und der Könige, als Lehens- und hohe kirchliche Würdenträger, haben sie sich im Laufe der Jahrhun-

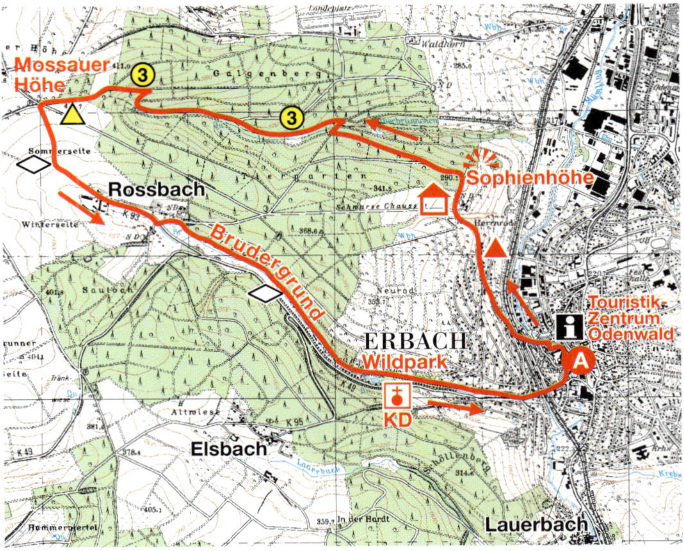

derte einen festen Platz im deutschen Hochadel erkämpft, der 1532 mit der Erhebung von Schenk Eberhard XIII. in den Reichsgrafenstand besiegelt wurde. Diesen Aufstieg verdankt das Haus Erbach seinem diplomatischen Geschick, das es ihm ermöglichte, im Spannungsfeld der beiden großen Territorialherren Pfalz und Mainz nicht zermahlen zu werden.

Die Anfänge des Hauses Erbach liegen im Dunkeln. Erstmals hört man diesen Namen im Jahre 1148, als „Eberhart von Ertpacht" im Lorscher Codex als „Klosterbedränger" bezeichnet wird. Vermutlich war er gerade dabei sich am Klosterbesitz zu bereichern. Fortan gilt er als Stammvater des Hauses Erbach. Mit wachsender Bedeutung dieser Familie entstand der Wunsch nach einer standesgemäßen Residenz. Der Michelstädter Königshof genügte nicht mehr den gehobenen Ansprüchen. So entstand im frühen 13. Jahrhundert an der Mümling eine Wasserburg. Ursprünglich war beim Bau dieser Wasserburg nicht an die Gründung einer neuen städtischen Siedlung gedacht. Die
12 Versorgung der Burg war durch das benachbarte Michelstadt gesichert. Nur wenige adelige Burgmannen bauten sich feste Häuser in unmittelbarer Nähe der Burg. So entstand das „Städtel", eine kleine Burgmannensiedlung, die in den schützenden Mauerring der Burg integriert wurde. Dieser Stadtteil Erbachs mit Resten der Ummauerung hebt sich heute deutlich von den anderen Stadtteilen ab.

Erst zu Beginn des 15. Jahrhunderts begann Erbach über die Städtelmauern hinauszuwachsen. Erste Häuser entstanden an der Pfarrgasse und am Schlossgraben. Die Erhebung der Schenken in den Reichsgrafenstand durch Kaiser Karl V. im Jahre 1532 zog in Erbach eine rege Bautätigkeit nach sich. Mit der Nutzungsteilung der Grafschaft wenige Jahre später (siehe Seite 11) begann sich Erbach endgültig aus der Versorgungsabhängigkeit von Michelstadt zu lösen und auf eigene Beine zu stellen. 1545 wurde das Rathaus gebaut. 1570 entstand auf der dem Schloss gegenüberliegenden Mümlingseite ein nach französischem Vorbild streng gegliederter, geometrisch angelegter Lustgarten, der 1722 durch eine Orangerie zum Überwintern subtropischer Pflanzen bereichert wurde. Der geräumige Platz zwischen Lustgarten und Burgbereich wurde in einen Marktplatz umgewandelt. 1736 ließ Graf Georg Wilhelm die alte Burg abtragen und einen dreigeschossigen lang gestreckten Schlossbau errichten, dessen Fassade zwischen 1900 und 1902 neu gestaltet wurde und sein heutiges Aussehen bekam. Von der ehemaligen kreisförmigen und von Zwinger und Graben umgebenen Wasserburg ist nur noch der aus starken Buckelquadern errichtete runde Bergfried erhalten, dessen ursprünglicher Zinnenkranz schon 1497 durch einen hohen Spitzhelm ersetzt worden war. Als Erbach 1750 die Stadtrechte verliehen bekam, wurden dadurch schon längst bestehende Rechte wie Stadtbefestigung, Stadtwappen, Stadtfreiheit und Marktrecht nachträglich bestätigt. Erbach war zu einer stolzen und selbstbewussten Residenzstadt des Grafenhauses Erbach-Erbach aufgestiegen.

In der Folgezeit wurde Graf Franz I. zu Erbach-Erbach (1754-1823) als Förderer seiner Stadt zur alles überragenden Figur. Ihm verdankt Erbach die berühmten gräflichen Sammlungen, er gründete den Eulbacher Markt, einen abgabefreien Jahrmarkt, der nach seinem Tode nach Erbach verlegt wurde und heute als Erbacher Wiesenmarkt weithin bekannt ist, er kümmerte sich um die Verbesserung der Landwirtschaft und den Ausbau des Verkehrswesens und ihm verdankt Erbach vor allem die Elfenbeinschnitzerei, die ihr Weltgeltung einbrachte.



Ausgangspunkt unserer Wanderung ist der Marktplatz. In der Mitte steht das Denkmal des Grafen Franz I. in rö-

**Erbacher Schloss**

mischer Toga. Sehenswert ist auch der Marktbrunnen, ein barocker Laufbrunnen mit dem Wappenschild von Erbach-Breuberg. Die ursprüngliche barocke Neptunfigur ist 1960 entwendet worden und wurde danach durch einen wappentragenden Löwen ersetzt. Für den heutigen Besucher sind die berühmten Sammlungen des Grafen Franz I. im Innern des Schlosses von besonderer Bedeutung. Unter ihnen befinden sich Stücke aus römischer und mittelalterlicher Zeit, kostbare Waffen, Rüstungen und Jagdgeräte. Berühmt ist die Hirschgalerie im Prunksaal des Schlosses – die reichgeschnitzte Holzdecke stammt aus der Prämonstratenserabtei Rot a. d. Rot (bei Memmingen) – mit kolossalen und abnormen Geweihen. Die Schlosskapelle enthält neben gräflichen Grabplatten den Sarkophag Einhards, den Großherzog Ludwig I. von Hessen-Darmstadt 1810 Graf Franz I. schenkte. Sehenswert ist ferner der berühmte holzgeschnitzte Flügelaltar aus Schöllenbach, der in der Hubertuskapelle des Schlosses aufgestellt ist.

12

Vom Schloss folgen wir der OWK-Markierung ▲ (rot) am Alten Rathaus vorbei. In ihm ist heute das Touristik-Zentrum Odenwald untergebracht, das auch am Wochenende geöffnet ist und in dem der Wanderer kompetente Beratung findet. Weiter geht es an der barocken evangelischen Stadtkirche vorbei zum Städtel. Das auffälligste und bedeutendste Gebäude ist das Tempelhaus, ein dreigeschossiger, steinerner Wehr- und Wohnturm mit Treppengiebeln. Dieser Bau stammt wahrscheinlich aus dem 13. Jahrhundert und bildete den Mittelpunkt des Burgmannensitzes der Familie Echter aus Mespelbrunn. Umbauten im Innern lassen auf häufigen Funktionswechsel schließen.

Hinter dem Städtel folgen wir dem „roten Dreieck“ durch die Brücken- in die Sophienstraße und gehen diese aufwärts zur Sophienhöhe. Hier steht zu Ehren der Gräfin Anna Sophie, der Gemahlin des Grafen Karl zu Erbach-Erbach, ein kleiner klassizistischer Tempel, der 1844 errichtet und eingeweiht wurde. Von dieser Stelle hat man einen prachtvollen Blick auf Erbach und Michelstadt. Der Steintisch neben dem Tempel soll 1842 von der Gräfin selbst aufgestellt worden sein.

Kurz hinter dem Sophientempel biegt der Wanderweg links ab und führt in den Wald hinein. Nach einem Rechtsknick stoßen wir auf den **Rundweg** ③ des Naturparks und

**Wildgehege Brudergrund**

folgen ihm nach links dass kleine Bachtal aufwärts. Es ist dies gleichzeitig der Grenzweg zwischen Michelstadt und Erbach. Am Waldrand, auf der Höhe, stoßen wir auf die OWK-Markierung ▲ (gelb) und folgen ihr nach links zur Mossauer Höhe. An diesem markanten Kreuzungspunkt mehrerer Wanderwege laden Bänke zum Verweilen und Schauen ein.

12

Am Parkplatz wechseln wir unser Wanderzeichen und gehen mit der **„weißen Raute"** hinab nach Rossbach. 1095 wurde dieser Ort als „Rossebach" erstmals urkundlich erwähnt. Im Dreißigjährigen Krieg wurde das Dorf völlig verwüstet und ist ausgestorben. Nach den Kriegswirren wurden die ehemals 9 ½ Huben zu einem großen gräflichen Hofgut zusammengelegt. In seinem Baustil ähnelt es den Hofgütern in Haisterbach und Rehbach. Der Schlussstein über der mächtigen Stallscheune zeigt das Erbacher Wappen mit der Inschrift:

„Georg Wilhelm Graf zu Erbach und Herr zu Breuberg. Anno MDCCLII" (1752).

Von Rossbach führt der Weg an einem Wildgehege vorbei den Brudergrund abwärts. Dieses Wildgehege ist mit Rot-, Dam- und Schwarzwild besetzt und besonderer Anziehungspunkt junger Familien mit Kindern. Am Wegrand findet der Besucher Tafeln mit zahlreichen Informationen zur heimischen Tier- und Pflanzenwelt. Am Ausgang des Wildparks ist noch eine kleine Teichanlage mit

Enten, Schwänen und Fischen. Von dort empfiehlt sich ein kleiner Abstecher zur Kapellenruine „St. Jakob zur Noth Gottes" nur wenige Schritte unterhalb der Teiche. Diese Kapelle, deren Grundmauern heute ausgegraben und gesichert sind, war im Mittelalter eine Wallfahrtsstätte. 1498 wurde in ihrer Nähe ein Friedhof angelegt. Nach Einführung der Reformation in der Grafschaft untersagte man die Wallfahrt und überließ die Kapelle dem Verfall. 1590 wurde auch der Friedhof aufgegeben, nachdem ein neuer an heutiger Stelle angelegt worden war.

Von der Kapellenruine führt ein Pfad hinauf zum Brudergrundweg. Dort treffen wir wieder auf die „weiße Raute" und folgen ihr hinab nach Erbach.

# Streifzug durch die Waldmark „Michelnstat“

| | |
|---|---|
| *Charakteristik:* | *Kulturhistorische Wanderung in reizvoller Umgebung* |
| *Beste Wanderzeit:* | *März – November* |
| *Ausgangspunkt:* | *Michelstadt, Marktplatz* |
| *Karten:* | *TF 20-6 „Mittlerer Odenwald“* |
| *Markierungen:* | ▲ *(gelb) – o. Mark. – ③ – ② –* ▲ *(gelb) – Ⓥ – ③ –* ■ *(gelb)* |

| Ort | km | Zeit | Höhe | Informationen |
|---|---|---|---|---|
| Michelstadt | 0,0 | 0:00 | 200 | ℹ ✆ (06061) 74-0 |
| Stockheimer Eiche | 1,8 | 0:30 | 290 | ND, KD, |
| Ritterstein | 1,8 | 0:35 | 430 | Gedenkstein |
| Henningstein | 0,8 | 0:15 | 455 | Gedenkstein |
| Weiten-Gesäß | 4,7 | 1:30 | 325 | ⧗ |
| Weiten-Gesäßer-Höhe | 1,9 | 0:35 | 380 | Aussichtspunkt |
| Michelstadt | 3,8 | 1:05 | 200 | ⧗ ⧈ KD, Museum |
| Gesamtstrecke | 14,8 | 4:30 | | Schwierigkeit: mittel |

13

Michelstadt zählt zu den ältesten Siedlungen im Innern des Odenwaldes. Sein Name, eine Zusammensetzung von „michel“ = „groß“ und „stat“ = Stätte, bezeugt, dass der Ort schon zum Zeitpunkt seiner Ersterwähnung eine große und bedeutende Siedlung war. Gründungszelle könnte vermutlich ein alemannischer Edelhof gewesen sein.

Der Sieg des jungen Frankenkönigs Chlodwig über die Alemannen im Jahre 496 hatte das Land zwischen Rhein, Main und Neckar in den Besitz der Franken gebracht. Chlodwig, der gelobt hatte im Falle seines Sieges über die Alemannen Christ zu werden, betrieb nun die Missionierung seines Reiches. Er und seine Nachfolger verschenkten große Teile des Landes an Bistümer, Bischöfe, Klöster und verdienstvolle Gefolgsmänner mit der Auflage dieses zu kolonisieren und urbar zu machen. So hatte König Chilperich seinem Großhofmeister, dem Fürsten Karlmann, das Kammergut Michelstadt geschenkt, welches dieser seinerseits im Jahre 741 dem ersten Bischof des neu gegründeten Bistums Würzburg , Burkhard, weitergab. Dieser war Nachfolger des hl. Kilian, der im Odenwald missionierte und um 690 bei Würzburg den Märtyrertod fand. Vom hl.

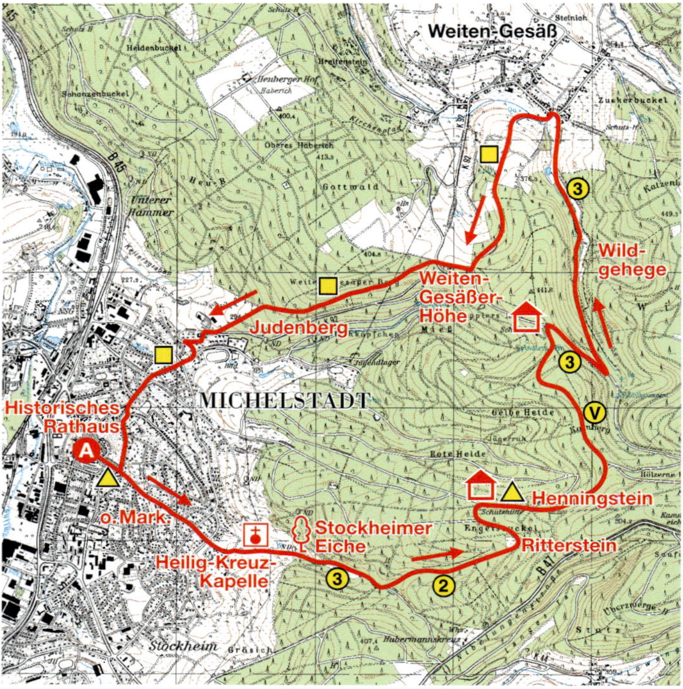




Kilian nimmt man an, dass er auch in der Gegend von Michelstadt wirkte, und dass er das kleine Holzkirchlein neben dem königlichen Gutshof bauen ließ.

Die Übereignung von „Michelnstat“ an Burkhard musste wohl ein persönliches Geschenk gewesen sein, da nach dem Tode des Bischofs der Königshof wieder an die Krone zurückfiel. Da eine solche Rückgabe im allgemeinen aber nicht üblich war, wird auch diese frühe urkundliche Ersterwähnung von Michelstadt im Jahre 741 angezweifelt und auf einen Ort gleichen Namens im Spessart bezogen. Die zweifelsfreie Nennung von Michelstadt erfolgte 815. In diesem Jahr schenkte Kaiser Ludwig der Fromme, Sohn und Nachfolger Karls des Großen, dem verdienstvollen Berater, Baumeister und Biographen seines Vaters, Einhard und seiner Frau Imma, das Kammergut „Michelnstat mit allem Zubehör. Dazu gehörten auch 14 Leibeigene mit Frauen und Kindern sowie 40 Hörige. In der Schenkungsurkunde wird weiter ausgeführt, dass inmitten der Siedlung eine Holzkirche steht und dass von ihr aus gemessen alles Land im Umkreis von zwei Leugen (ca. 8,8 km) zu diesem Gut gehöre. Diese Schenkung war auf Einhards eigenen Wunsch erfolgt. In einem seiner überlieferten Briefe schrieb er: „Als ich noch am kaiserlichen Hofe lebte ... machte ich einen einsamen Ort ausfindig und erhielt ihn durch die Freigebigkeit des Fürsten Ludwig ... zu eigen. Dieser Ort ist in dem deutschen Waldgebirge gelegen, das zwischen dem Neckar und dem Main liegt und heutigentags von seinen Bewohnern ... Odonowald genannt wird."

Aber schon bald nach seiner Ankunft suchte Einhard in der Nähe einen abgelegenen Platz zum Bau einer Kirche, die er reich ausstatten wollte und in der er und seine Frau Imma bestattet werden sollten. Er fand diesen Platz am Mümlingufer und ließ dort neben der Kirche für sich und seine Dienerschaft auch neue Wohngebäude errichten. So entstand in wenigen Jahren eine prachtvolle Basilika, die heute zu den bedeutendsten frühchristlichen Sakralbauten Deutschlands zählt. Aber schon wenige Jahre später verließ Einhard Michelstadt und siedelte nach Ober-Mühlheim, dem heutigen Seligenstadt, über (siehe Seite 102).

Obwohl Einhard sich auch nach seinem Umzug um die Verwaltung seines Besitzes in Michelstadt kümmerte, hätte dieser Ort sicherlich einen wesentlich größeren Aufschwung erfahren, wäre dieser Ortswechsel nicht erfolgt.



Nach dem Tode Einhards im Jahre 840 fiel die Mark Michelstadt an das Kloster Lorsch. Einhard hatte schon 819 testamentarisch verfügt, dass die gesamte Mark mit allen dazu gehörigen Gebäuden und Ländereien dem Reichskloster Lorsch zufallen solle, wenn er kinderlos sterben würde. Zunächst aber zeigte Lorsch an seinem neuen Besitz nur geringes Interesse. Die Basilika blieb ungenutzt und auch der Gutshof fand keine besondere Beachtung. Erst Abt Gerbodo (951-972) umgab das „castellum Michelnstat" mit einer Mauer und erbaute ein steinernes Haus. Die Bezeichnung „castellum" lässt erkennen, dass eine burgähnliche Anlage im Entstehen war, die später von den Schenken von Erbach weiter ausgebaut wurde. Als Abt Udalrich (1056-1075) die verlassene Einhardsbasilika in ein Kloster umwandelte und mit Benediktinermönchen besetzte, wuchs die Bedeutung von Michelstadt. Mit der Verwaltung ihres riesigen Besitzes wurden von Lorsch Hochvögte und Untervögte eingesetzt, die auch den Schutz und die Gerichtsbarkeit übernahmen. Entlohnt wurden sie für diese Aufgabe mit Besitzübertragungen. So wurde in vielen Fällen aus einer Vogtei ein erbliches Lehen. Einer solchen Aufgabe dürften sich die Schenken von Erbach schon sehr früh angenommen und dabei ihre eigenen Interessen besonders berücksichtigt haben (siehe Seite 8).

Nach der Auflösung des Klosters Lorsch im Jahre 1232 geriet die Mark Michelstadt zwischen die Fronten des Erzbistums Mainz als Rechtsnachfolger des Klosters Lorsch und den Pfalzgrafen, die als ehemalige Hochvögte des Reichsklosters die Lehenshoheit über Michelstadt beanspruchten. Als die Schenken von Erbach es zuließen, dass Mainz direkt neben der Einhardbasilika auf Erbacher Boden eine Wasserburg errichtete, wurde dies Michelstadt zum Verhängnis. 1307 überfiel Pfalzgraf Rudolf die Stadt, zerstörte die Befestigungsanlagen, brannte die Häuser nieder, und nur durch die Anerkennung der Pfälzer Lehenshoheit entgingen die Schenken von Erbach dem Verhängnis und konnten ihre Besitzungen behalten. Obwohl vom Pfalzgrafen damals verfügt wurde, dass Michelstadt künftig weder eine Burg noch Stadtmauern besitzen dürfe, gelang es den Schenken von Erbach beides wieder herzurichten, ohne dass die Pfalz etwas dagegen unternahm. Dies zeigt, mit welch diplomatischem Geschick die Schenken und späteren Grafen von Erbach es immer wieder verstanden, sich aus misslichen Situationen zu befreien. Die damals entstandene Stadtmauer ist bis heute weitgehend erhalten geblieben und bietet dank des glücklichen Umstandes, dass im Osten und Süden das Gelände fast unbebaut blieb, dem Betrachter einen freien Blick auf die mittelalterliche Stadtbefestigung.

Der Zugang zur Stadt war anfangs nur durch zwei Tore möglich. Sie lagen im Norden und Osten und waren durch Türme besonders gesichert. Auch die Stadtmauer war durch teils geschlossene, teils halb offene Wehrtürme verstärkt, die sich in einem Abstand von ca. 50 m voneinander befanden. Der quadratische Nobisturm in der Mauerstraße und der runde Diebsturm sind heute noch erhalten. Rings um die Stadtmauer verlief ein hölzerner Wehrgang. Im Osten und Süden waren die beiden Hauptangriffsseiten durch einen mächtigen Doppelgraben mit dazwischen liegendem Palisadenwall zusätzlich gesichert. Im Zuge der Stadterweiterung wurde 1773 der Bürgerturm im Süden abgerissen und das „Neue Tor“ errichtet. Im 19. Jahrhundert fielen alle drei Tore der Stadterweiterung zum Opfer.

Ausgangspunkt unserer Wanderung ist der historische Marktplatz mit dem Marktbrunnen. Er wurde 1575 von Graf Georg II. zu Erbach-Fürstenau gestiftet und 1723 durch eine mit Löwenköpfen und Ornamenten verzierten Sandsteinsäule bereichert. Auf der Spitze trägt die Säule den Erzengel Michael mit dem Flammenschwert und der Seelenwaage. Schwert und Waage symbolisieren Marktfrieden und Marktgerechtigkeit. Seitlich vom Brunnen befindet sich der Löwenhof, ein repräsentativer, zweieinhalbstöckiger Putzbau mit Mansarddach, der seit 1846 als Thurn- und Taxis'sche Poststation diente. Hier wurden die Pferde gewechselt und die Reisenden fanden eine Herberge. Prunkstück des Marktplatzes aber ist das Rathaus. Es zählt zu den malerischsten Holzfachwerkbauten und fehlt in keinem Bildband über Deutschland. Wer den Plan zu diesem weltbekannten Wahrzeichen von Michelstadt entworfen hat, ist unbekannt. Die Vermutungen richten sich auf Schenk Adolar, der 1461 den Grundstein zum Ostchor der Stadtkirche legte. Begonnen wurde mit dem Bau 1445; vollendet war er 1484. In der offenen, zweigeteilten Halle fanden früher Gerichtsverhandlungen statt. In der großen Halle saßen der Zentgraf und die Schöffen, in der kleinen Halle standen die Angeklagten, der Büttel und die Wachtmänner. Außen, rund um die Halle, befanden sich die Zentmannschaft, Bürger und Schaulustige. Außerhalb der Gerichtstage fand auch der Markt bei schlechtem Wetter hier Unterschlupf.

Der von mächtigen Eichenbalken getragene und durch Erkertürmchen verzierte Rathaussaal diente im Laufe der Jahrhunderte den verschiedensten Zwecken. Hier fanden u. a. Ratsversammlungen, Empfänge, Staatsakte und Hochzeiten statt. Der Raum diente aber auch als Soldatenlager und Lazarett. Die kleine Ratsstube neben dem Saal war der Arbeitsraum des Ratsschreibers.

Der Dachspeicher diente der Einlagerung des Zehnten. Die Uhr zwischen den beiden Erkern wurde 1892 eingebaut. 1903 fand eine grundlegende Renovierung statt, und das Rathaus erhielt sein heutiges, weitgehend ursprüngliches Aussehen.

Schauen wir vom Rathaus nach rechts, so sehen wir am Ende der Häfnergasse den Diebsturm. Er verdankt seinen

**Altes Rathaus, Michelstadt**

13

Namen dem früheren Zentgefängnis. Durch eine Falltür wurden die Gefangenen an einem Seil von oben in den unten vollkommen geschlossenen Raum herabgelassen.

Hinter dem Rathaus befindet sich die dreischiffige spätgotische Stadtkirche. Sie steht auf den Grundmauern der 821 geweihten karolingischen Saalkirche, die Einhard an Stelle der hier bei seiner Ankunft im Jahre 815 vorgefundenen Holzkirche bauen ließ. Inschrifttafeln im Innern der

Kirche geben uns über die einzelnen Bauabschnitte Auskunft. 1461 legte Schenk Adolarius den Grundstein und 1537 wurde der Bau mit der Errichtung des Hauptturmes abgeschlossen. In der Kirche befinden sich bedeutende Grabplatten der Schenken und Grafen von Erbach sowie sehenswerte Wandmalereien aus der Gründungszeit.

Von der Stadtkirche machen wir noch einen kleinen Abstecher durch die Einhardspforte zur ehemaligen Burganlage und späteren Kellerei. Es handelt sich um einen in der Stadtbefestigung integrierten Gebäudekomplex, der von Graf Georg I. (1506-1569) völlig umgestaltet wurde. Am Treppenbau zur Zehntscheuer findet man die Jahreszahl 1539. Diese Datumsangabe bezieht sich sicherlich auf den neugestalteten Treppenbau, da das Gebäude selbst wesentlich älter ist. Der Nordbau wurde gleich mehrmals verändert. In ihm finden sich die Jahreszahlen 1501, 1549 und 1621. Er war ehemals Amtshaus der gräflichen Regierung. Das ihm gegenüberliegende Hauptgebäude hat nach außen eine festungsartige Umfassungsmauer. Den Zugang von der Hofseite bildete früher ein ansehnliches Spitzbogentor, das heute völlig umgestaltet ist. An der Zwingerseite wurde ein früheres Tor zu einer Nische umgebaut, die dann als Hauskapelle diente. Im Osten wurde dem Hauptbau ein Treppenhaus und eine Küche angebaut. Der Diebsturm an der Nordwestecke und der heutige Treppenturm an der Nordostecke der Zehntscheuer waren vermutlich Wehrtürme der alten Burganlage.



Zurück in der Braunstraße gehen wir diese aufwärts zum Lindenplatz. Von dort führt uns die Friedhofstraße weiter zum Stadtrand. Am Friedhof biegen wir links ab und gehen durch die Feldflur zur Stockheimer Eiche, einem mächtigen, überdachten Baumstumpf. Neben ihr, am Wegrand, liegt der Stamm einer frühmittelalterlichen Auwaldeiche, den man 1982 in ca. 8 m Tiefe aus den Flussschottern der Mümling ausgegraben hat. Derartige Funde sind Reste von Auenwäldern, die bei Hochwasser untergegangen sind.

Von der Stockheimer Eiche führt ein Weg hinab zur Kapellenwiese. Hier befinden sich die Grundmauern der ehemaligen „Heilig-Kreuz-Kapelle", die von Philipp Buxbaum 1938 bei Grabungen freigelegt wurden. Der älteste Hinweis auf diese Kapelle findet sich in den Michelstädter Kirchenurkunden des Staatsarchivs Darmstadt. Hier wird eine Kapelle „helgin Crutz“ genannt, die 1502 gebaut wurde. Bei seinen Grabungen machte Philipp Buxbaum aufschlussreiche Entdeckungen. Zum einen fand er Bruchstücke von Hohl- und Flachziegeln, die erkennen ließen, dass das Dach mit bunten Ziegeln gedeckt war; zum anderen Verputzreste, die zeigten, dass das Innere der Kapelle ausgemalt war. Beim Ausmessen der Grundmauern stellte sich heraus, dass die Maße völlig identisch waren mit der heutigen Friedhofskapelle. Da auch keine Brandspuren gefunden wurden, war dies eine Bestätigung der mündlichen Überlieferung, nach der die Heilig-Kreuz-Kapelle um 1535 abgebaut und auf dem heutigen Friedhof als Friedhofskapelle neu aufgebaut wurde. Bei den Ausgrabungen entdeckte man auch rund um die Kapelle zahlreiche Skelette, von denen man annimmt, dass es sich um Pesttote handelte. Des Weiteren nimmt man an, dass der hl. Kilian an dieser Stelle gepredigt und getauft hat.

Von der Stockheimer Eiche führt uns der Weg weiter bergauf. An der darauf folgenden Kreuzung stoßen wir auf den **Rundweg** ③ des Naturparks und folgen ihm geradeaus über die Kreuzung hinweg. Der Weg führt an einer Waldwiese vorbei weiter bergauf. Im Wald verlassen wir den Rundweg ③ und biegen mit dem **Rundweg** ② links ab. Der Weg steigt nun steiler an und bringt uns zum Ritterstein. Dieser Sandsteinfindling am oberen Rand einer Wildwiese erinnert an den Forstamtsleiter des Hessischen Forstamtes Michelstadt, Arthur Ritter. Am Gedenkstein biegen wir links ab und folgen dem Rundweg zur Emilienhütte und von dort weiter zum Henningstein. Dieser Stein erinnert an den Landgerichtsaktuar (Gerichtsschreiber) Henning, der während der Sommermonate nach seiner Dienstzeit gerne im Stadtwald spazieren ging. An dieser Stelle verweilte er oft lange, da vor 100 Jahren durch die Abholzung des Waldes auf der Nordseite ein mehrfaches Echo zu hören war. Die Söhne des Aktuars haben am Lieblingsplatz ihres Vaters einen Stein errichten lassen, auf dessen Nordseite steht:

„Steigt jener Forst und dieser sinket nieder, geb ich die Stimme dreimal wieder. Sylvana“.

Zur Erläuterung des Spruches heißt es auf der Ostseite des Steines: „3-faches Echo“.

Vom Henningstein gehen wir noch ein kleines Stück aufwärts und biegen dann links ab. Neues Wanderzeichen ist der Verbindungsweg **„V“**. Er führt uns in einem lang gezogenen Linksbogen über den Kornberg. Kurz vor dem Spindlersbrunnen kommt der **Rundweg** ③ des Naturparks auf unseren Weg. Wir halten uns rechts und folgen ihm bis zu einer Jagdhütte. Dort biegen wir mit dem Rundweg ③ im spitzen Winkel rechts ab. Dieser Weg führt zum Wildgatter der Grafen von Erbach und dann an diesem entlang hinab nach Weiten-Gesäß. Dieser Ort wurde 1113 als „Widengesehesz“, als Besitz der Benediktinermönche von Steinbach, erstmals urkundlich erwähnt. Das Dorf war eine unregelmäßige Streusiedlung, das sich sowohl am Bachlauf im Tal als auch auf der gerodeten Höhe ausdehnte. Später erwarben die Schenken von Erbach den klösterlichen Besitz.

Am Ortseingang stoßen wir auf die OWK-Markierung ■ (gelb). Ihr folgen wir nach links hinauf auf die Weiten-Gesäßer-Höhe. Von hier hat man einen umfassenden Blick auf die weit gestreute Siedlung. Dann gehen wir am Waldrand entlang zur Fahrstraße und auf der anderen Straßenseite hinab nach Michelstadt. Am Stadteingang kommen wir in der Nähe des Judenfriedhofs vorbei. Er wurde in der zweiten Hälfte des 17. Jahrhunderts angelegt und mit einer Mauer umgeben. Es ist der größte Judenfriedhof im Odenwaldkreis und diente früher 9 Gemeinden als Begräbnisplatz. Nach den Verwüstungen im Dritten Reich wurde er in der Nachkriegszeit wiederhergestellt.

Vom Friedhof folgen wir dann dem „gelben Viereck“ zurück in die Innenstadt.

# Vom Steinbach- ins Rehbachtal

| | |
|---|---|
| *Charakteristik:* | *Kulturhistorische Wanderung auf Einhards Spuren* |
| *Beste Wanderzeit:* | *April – Oktober* |
| *Ausgangspunkt:* | *Steinbach* |
| *Karten:* | *TF 20-6 „Mittlerer Odenwald“* |
| *Markierungen:* | *▲ (rot) – St 2 – St 1 – Ⓛ – ▲ (rot)* |

| Ort | km | Zeit | Höhe | Informationen |
|---|---|---|---|---|
| Steinbach | 0,0 | 0:00 | 210 | ℹ ✆ (06061) 74-0 |
| Einhardsbasilika | | | | ℹ ✆ (06061) 2447 bzw. (06164) 55676 |
| Adalbertshöhe | 1,2 | 0:20 | 250 | Aussichtspunkt |
| Steinbuch | 3,0 | 1:00 | 340 | |
| Köpfchen | 1,4 | 0:30 | 380 | |
| Rehbachtal | 1,6 | 0:25 | 270 | |
| Einhard-Quelle | 1,5 | 0:30 | 260 | |
| Saubuche | 0,7 | 0:15 | 280 | Schutzhütte, Aussichtspunkt |
| Steinbach | 1,8 | 0,30 | 210 | |
| Gesamtstrecke | 11,2 | 3:30 | | Schwierigkeit: leicht |

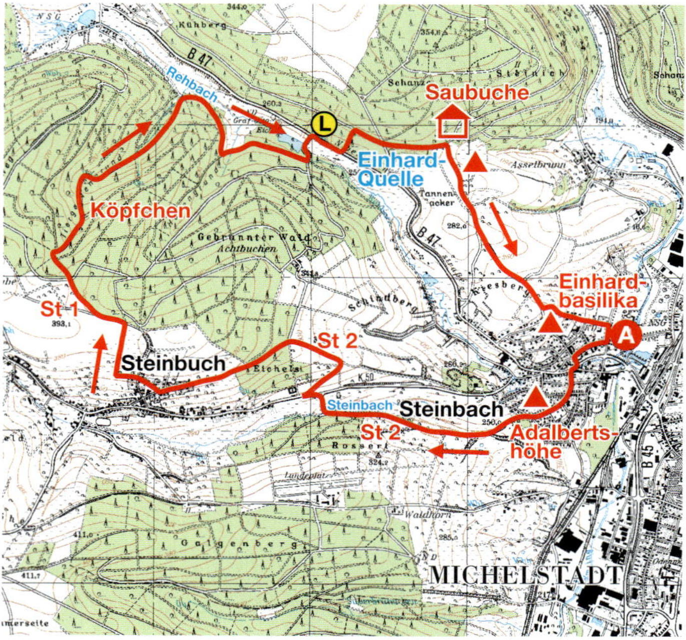

Steinbach verdankt seine Entstehung und seinen Bekanntheitsgrad den beiden geschichtlich und kunsthistorisch so bedeutsamen Bauwerken, der karolingischen Einhardsbasilika und dem Schloss Fürstenau.

Einhard, einer der klügsten Männer seiner Zeit, wurde um 770 an der fränkischen Saale geboren. Er erhielt seine Ausbildung an der Klosterschule in Fulda und wurde wegen seiner ungewöhnlichen Begabung an die kaiserliche Hofschule nach Aachen geschickt. Dort wurde aus dem Schüler der Leiter der Schule und avancierte zum Botschafter, Berater, Biographen und engsten Vertrauten Karls des Großen. Seine wichtigste Aufgabe am Hof aber war kein politisches Amt, sondern das des „Vorstehers der Bauten", im heutigen Sprachgebrauch der Minister des Staatsbauwesens. 806 wurde Einhard nach seinen eigenen Angaben in einer politischen Mission nach Rom gesandt. Er nutzte diese Reise zum Studium altchristlicher Basilikenbauten in Italien. Der Dom zu Aachen, die Abteikirche in Seligenstadt aber vor allem seine eigene Basilika in Steinbach bezeugen den italienischen Einfluss. Einhards Bauten aber sind keine simplen Kopien römischer Basiliken, sondern tragen seine ganz persönliche Note.

Aus seiner Biographie wissen wir, dass Einhard für die Zeit nach seiner Tätigkeit am Kaiserhof einen abgeschiedenen Ort suchte, um dort in Muße seinen Lebensabend zu verbringen. Er fand diesen Ort im Odenwald und ließ ihn sich und seiner Frau Imma von Ludwig dem Frommen schenken (siehe Seite 92 f.). Aber trotz seines Wunsches nach Abgeschiedenheit war der königliche Gutshof in „Michlinstat" mit seiner kleinen Holzkirche und den Häusern der Hörigen schon in karolingischer Zeit durch Heer- und Handelsstraßen an bedeutende Orte wie Frankfurt, Mainz, Trebur, Worms und Lorsch angeschlossen und in das damals bestehende Verkehrsnetz integriert. Von Worms zog die Nibelungenstraße quer durch den Odenwald, und vom Neckar führte eine Handelsstraße über die Wegscheide an den Main. Daher suchte Einhard für sich und seine Dienerschaft einen Ort abseits vom Königshof und fand ihn am nahen Mümlingufer, um sich dort eine Stätte zu schaffen, an der er wohnen und in aller Ruhe seiner Frömmigkeit nachgehen konnte. Da seine Ehe mit Imma kinderlos war, hatte er sich vom Kaiser Ludwig dem Frommen zum Abt mehrerer Abteien machen lassen. Diese Schenkungen gaben ihm die Möglichkeit seinen künstlerischen Vorstellungen entsprechend eine Basilika zu bauen, in deren Krypta er seine letzte Ruhestätte finden wollte. Nach knapp fünfjähriger Bauzeit wurde diese 827 fertig gestellt. Auf der Suche nach Heiligen, denen er diese neue Basilika weihen und in deren Nähe er beigesetzt werden wollte, versprach ihm ein italienischer Diakon am Kaiserhof zu Aachen die Beschaffung der Reliquien des heiligen Marcellinus und des heiligen Petrus, wenn ihm die Fahrt nach Italien bezahlt würde. Einhard ging auf das Versprechen ein und gab ihm seinen Schreiber Ratleik mit, damit dieser die Gebeine der Heiligen überführe. Als sich in Rom herausstellte, dass die Versprechungen des Diakons nur Vorwand waren, um bequem nach Italien zurückzureisen, holte Ratleik trotz der auf solchen Diebstählen stehenden Todesstrafe die Reliquien von Mercellinus und Petrus heimlich aus den Katakomben und brachte sie 827 unter Überwindung zahlreicher Hindernisse nach Deutschland. Hier wurden sie in kostbaren Schreinen in der Krypta der Basilika beigesetzt.

Vermutlich war es Ratleik, dem die Einsamkeit und Abgeschiedenheit im Odenwald zuwiderlief, der mit Hilfe eines Gaukelspiels versuchte, Einhard von seinem Vorhaben abzubringen, in der Krypta der neu errichteten Basilika an der Seite der beiden Heiligen beigesetzt zu werden. Traumerscheinungen der Dienerschaft, in denen Petrus und Marcellinus zu verstehen gaben, dass sie nach Seligenstadt gebracht werden wollten, sowie eine blutähnliche Flüssigkeit, die aus dem Schrein floss, bewogen Einhard schließlich Steinbach zu verlassen und mit den Reliquien nach Ober-Mühlheim umzusiedeln, wo er am 14. März 840 als Abt des von ihm gegründeten Klosters Seligenstadt starb. Das „Blutwunder" von Steinbach aber dürfte auf das feuchte Mauerwerk in der Krypta und die blutrote Färbung auf das frische Holz des Schreines zurückzuführen sein.

Die Kirche von Steinbach lag nach Abzug von Einhard nahezu zweieinhalb Jahrhunderte verlassen da. Einhard hatte, falls er kinderlos sterben sollte, dem Kloster Lorsch seinen Besitz in Michelstadt vermacht. 1073 ließ Abt Udalrich (1056-1075) die bislang vernachlässigte „cella in Michlinstat" wieder herstellen und sie mit Benediktinermönchen besetzen. Einhards Basilika wurde Filialkloster von Lorsch. Aus dieser Zeit stammen auch zahlreiche romanische Stilelemente bei der Wiederherstellung der Basilika und der heute nicht mehr vorhandenen Nebengebäude. Das Verhältnis zum Mutterkloster aber war ausgesprochen schlecht. Die Misswirtschaft von Lorsch hatte Auswirkungen auf Steinbach. Immer größere Anteile vom Klostergut wurden veräußert oder durch Lehnsherren entfremdet. Auch die Schenken von Erbach kamen auf diese Art zu Besitzungen (siehe Seite 8). Selbst die Bemühungen von Abt Heinrich (1151-1167) dieser Misswirtschaft entgegenzutreten und veräußertes Klostergut wieder zurückzugewinnen, konnten den Verfall von Lorsch nicht aufhalten. 1232 verlor die bis dahin freie Reichsabtei ihre Selbstständigkeit und wurde auf päpstlichen und kaiserlichen Befehl dem Erzbistum Mainz unterstellt. Die Benediktinermönche wurden abberufen, und Mainz richtete in Steinbach ein Nonnenkloster ein.

Mit der Einführung der Reformation in der Grafschaft Erbach (1535-1544) wurde das Kloster aufgelöst und in ein Hospital umgewandelt, das bis zum Dreißigjährigen Krieg bestand. 1542 kauften die Grafenbrüder Georg I. und Eberhard II. das gesamte Klostergut. Da die Basilika nicht mehr als Kirche genutzt wurde, ließ Graf Georg IV. in den Jahren 1587/88 das Portal der Basilika abbauen, um es für die neue Schlosskapelle zu verwenden. Diesem Ausbau fielen auch die Giebel und die beiden seitlichen Türme zum Opfer, wodurch die Basilika ihren Schmuck aus der romanischen Epoche verlor. In diese Zeit fällt ebenfalls die Niederlegung der beiden Seitenschiffe und des südlichen Querschiffes. In der Folgezeit diente das Mittelschiff und der nördliche Anbau des Querschiffes bis zu ihrem allmählichen Verfall im 19. Jahrhundert als Scheuer und Schuppen für Jagd- und Fischereigeräte und die Krypta als Gemüsekeller. Aber gerade dadurch, dass die Basilika nach Auflösung des Klosters nicht mehr als Kirche genutzt wurde, blieb sie von Umbauten verschont und konnte ihren ursprünglichen Bestand bewahren. Das in der Romantik neu erwachte Geschichtsbewusstsein rückte auch dieses Bauwerk, über dessen Vergangenheit man nichts mehr wusste, wieder in das Interesse der Historiker. 1810 ließ Graf Franz I. erste Grabungen durchführen. Aber erst 1873 erkannte Georg Schäfer, dass es sich bei der Klosterkirche in Steinbach um die Einhardsbasilika handelte. In

**Einhard-Basilika**

der Folgezeit wurden Renovierungsarbeiten durchgeführt, wobei u. a. aus statischen Gründen auch die Seitenschiffe erneuert wurden.

Ausgangspunkt unserer Wanderung ist der Parkplatz in der Einhardstraße zwischen der Basilika und Schloss Fürstenau. Von dort gehen wir wenige Schritte stadteinwärts und folgen dann dem Hinweisschild zur Einhardsbasilika nach rechts.

14

Die Basilika, so wie sie sich uns heute darbietet, besteht aus dem Mittelschiff mit der Hauptapsis, dem nördlichen Teil des Querschiffes und den diesen Räumen zugehörigen Teilen der Krypta. Ursprünglich war der Basilika ein Atrium vorgelagert, ein von Säulenhallen umgebener Vorhof als Aufenthaltsort für Büßer, Pilger und Prozessionen. Betreten wir das Mittelschiff, so sind die eingemauerten Säulen, die Fenster, die Apsis und Teile des nördlichen Querschiffes originaler Bestand aus karolingischer Zeit. Verloren sind die schon im 16. Jahrhundert niedergelegten Seitenschiffe und der westliche Eingangsbereich der Basilika. Die ehemalige Flachdecke wurde 1169 erneuert und 1541 durch den Einbau eines Dachstuhles abgesichert. Im Innern sind Tafeln aufgestellt, die den Besucher über die Baugeschichte informieren. Der Eingang zur Krypta befindet sich an der südlichen Außenwand. Sie ist noch in nahezu unveränderter Form erhalten. Ihr ursprünglicher Zugang erfolgte über zwei Treppen, die von den Seitenschiffen hinabführten. Die Krypta hat die Form eines lateinischen Kreuzes mit je einem Altar in den beiden Seitenarmen. Am Fußende befinden sich zwei Seitennischen, die vermutlich für die Särge von Einhard und Imma vorgesehen waren. Beim Anbau an das nördliche Querschiff erkennt man deutlich zwei Bauabschnitte. Der ältere, untere Teil wurde errichtet, als Abt Udalrich 1073 die Basilika zum Kloster ausbauen ließ. Der obere Teil wurde in der Spitalzeit aufgestockt, um einen Krankensaal zu schaffen.

Nach Besichtigung der Einhardsbasilika gehen wir zurück zur Einhardstraße. An der Schlossstraße wenden wir uns nach rechts und folgen der OWK-Markierung ▲ (rot) zur Brückenstraße, überqueren die Nibelungenstraße, wenden uns nach rechts und biegen dann links in die Kurpfälzer Straße ein. Sie führt am Friedhof vorbei bergauf zur Adalbertshöhe. Auf dieser, nach Graf Adalbert zu Erbach-Fürstenau (1861-1944) benannten Anhöhe, stand früher ein Aussichtsturm, der 1917 wegen Baufälligkeit abgerissen wurde. In der Nähe befindet sich heute ein Steintisch mit einem Inschriftstein des 18. Jahrhunderts als Sockel, der 1897 vom Odenwaldklub hier aufgestellt wurde. Beim Wasserwerk verlassen wir die OWK-Markierung und gehen auf dem asphaltierten Flurweg durch Weiden und Wiesen geradeaus weiter. Von diesem Weg hat man einen schönen Blick hinab ins Steinbachtal. Neues Wanderzeichen ist der örtliche Rundweg **St 2**. Etwa 5 Minuten nach Waldeintritt biegen wir mit dem Rundweg rechts ab, überqueren den Steinbach, halten uns an der Straße links, biegen beim nächsten Abzweig vor dem Friedhof rechts ab und folgen der Markierung St 2 den Hang aufwärts. Am Waldrand stoßen wir auf den Rundweg **St 1**, der uns zusammen mit dem Rundweg St 2 nach Steinbuch bringt. Dieser, am oberen Ende des Steinbachtales gegründete Ort, wurde 1329 erstmals als „Stenbuch" erwähnt. Hier besaßen die Johanniter von Ober-Mossau im 14. Jahrhundert ein Ordensgut, das später in den Besitz des Hauses Erbach überging. Im Dreißigjährigen Krieg war das Dorf bis auf 3 Einwohner ausgestorben. In der Ortsmitte biegt der Rundweg St 1 rechts ab, und wir folgen ihm bergauf zum Köpfchen. Vom Waldrand hat man eine schöne Aussicht auf das rings von Wäldern eingeschlossene Steinbuch und die gegenüberliegende Mossauer Höhe. Unser Wanderweg führt noch ein Stück am Waldrand entlang und verläuft dann durch den Wald den idyllischen Tiergartengrund abwärts ins Rehbachtal. Am Waldrand halten wir uns rechts und laufen auf einem herrlichen Waldweg talwärts. Nach etwa 20 Minuten stoßen wir auf den kulturhistorischen Lehrpfad, der uns schon anfangs begleitet hat, und biegen mit ihm nach links zur Nibelungenstraße ab. Unser Wanderweg verläuft nun ein kleines Stück auf dem neu angelegten Gehweg parallel zur Straße und biegt dann nach links in den Wald ein. Auf ihm gelangen wir zur Einhard-Quelle, einem idyllischen Rastplatz mitten im Wald. Von dort gehen wir den Hang noch ein paar Schritte aufwärts bis zur Forststraße und wenden uns dort nach rechts. Wenig später erreichen wir einen Wanderparkplatz des Naturparks, gehen an ihm vorbei und folgen zunächst der OWK-Markierung ■ (gelb) und dann dem **Rundweg** Ⓛ des Naturparks zur Saubuche. Von der dortigen Schutzhütte hat man einen eindrucksvollen Blick auf das breite Michelstädter Becken und die Ortschaften im Mümlingtal.

Auf dem Rückweg nach Steinbach folgen wir der OWK-Markierung ▲ (rot) bis hinab zum Parkplatz. Dieser Wegabschnitt durch die Feldflur bietet einen ungehinderten Blick auf die Umgebung.

# Castrum Furstenawe

*Charakteristik:* *Kulturhistorische Wanderung im Mümlingtal*
*Beste Wanderzeit:* *Ganzjährig*
*Ausgangspunkt:* *Steinbach*
*Karten:* *TF 20-6 „Mittlerer Odenwald“*
*Markierungen:* *M 2 – Z 2 – M 2 – Z 1 – ▲ (rot)*

| Ort | km | Zeit | Höhe | Informationen |
|---|---|---|---|---|
| Steinbach | 0,0 | 0:00 | 200 | ℹ ✆ (06061) 74-0 |
| Schloss Fürstenau | | | | KD |
| Unterer Hammer | 1,3 | 0:20 | 195 | KD |
| Heuberger Hof | 3,9 | 1:20 | 385 | KD Hofgut |
| Zell | 4,0 | 1:10 | 190 | |
| Georg Daum Hütte | 0,8 | 0:15 | 270 | Schutzhütte, Aussichtspunkt |
| Saubuche | 2,3 | 0:45 | 280 | Schutzhütte, Aussichtspunkt |
| Einhardsbasilika | 1,9 | 0:30 | 200 | KD |
| Steinbach | 0,4 | 0:10 | 200 | |
| Gesamtstrecke | 14,6 | 4:30 | | Schwierigkeit: mittel |

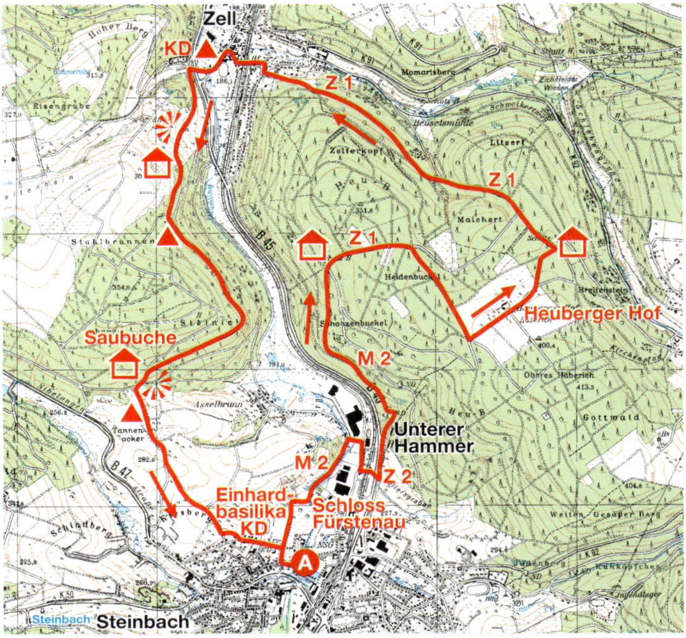

Als 1232 auf päpstlichen und kaiserlichen Befehl das Kloster Lorsch mit all seinen Besitzungen dem Erzbistum Mainz unterstellt wurde und seine Selbstständigkeit als freie Reichsabtei verlor, wurde auch der ehemalige Odenwälder Besitz Einhards mainzisch. Dieser politische Wechsel war Ursache jahrhundertelanger Streitigkeiten zwischen der Pfalz als den ehemaligen Lorscher Vogtherren und Kurmainz. Die Rolle der Schenken von Erbach im Spannungsfeld dieser beiden übermächtigen Territorialherren ist bis heute noch nicht lückenlos geklärt. Mit diplomatischem Geschick verstanden sie jedoch, sich immer den jeweiligen Situationen anzupassen und ihre Position im Odenwald nicht nur zu behaupten, sondern auch auszubauen.

Als Erzbischof Gerhard von Mainz um 1300 auf Erbacher Lehensgrund eine Wasserburg errichtete, um die eigenen Besitzungen vor Machtansprüchen der Pfalz zu schützen, dachten die Schenken von Erbach bei ihrer Zustimmung zum Bau auch an den eigenen Schutz. Die Pfalz dagegen sah darin eine Provokation, die in dem Angriff und der Zerstörung von Michelstadt durch Pfalzgraf Rudolf im Jahre 1307 sowie der den Schenken aufgezwungenen Anerkennung der pfälzischen Lehenshoheit endete (siehe Seite 10).

15 Urkundlich wurde die Burg 1317 erstmals als „castrum Furstenawe" erwähnt, als Erzbischof Petrus von Mainz den Schenken Eberhard IV. von Erbach zu seinem Burgmann machte. Betreten wir heute das Schlossgelände, so bietet sich uns ein völlig verändertes Bild gegenüber der Entstehungszeit. Die alte Burg bildete ein von einem Wassergraben umgebenes Viereck. An den vier Ecken befanden sich zinnengekrönte Wehrtürme, die im Norden und Osten die Gebäude einschlossen. Die beiden Gebäudeflügel waren um ein Stockwerk niedriger als heute und besaßen an der Außenseite einen zinnengekrönten Wehrgang. Die Süd- und Westseite waren durch eine Schildmauer abgesichert, die ebenfalls einen zinnengekrönten Wehrgang besaß. Der einzige Zugang zur Burg befand sich in der westlichen Mauer und war durch eine verstärkte Toranlage mit Zugbrücke gesichert. Die Burg aber blieb nicht lange im Besitz der Erzbischöfe. 1355 verkaufte sie Mainz den Schenken Johannes und Conrad Rauch, die sie zu ihrer Residenz machten. Seitdem befindet sich die Burg im Be-

**Schloss Fürstenau**

sitz der Schenken und späteren Grafen von Erbach-Fürstenau und wird auch heute noch von ihnen bewohnt. Eine Besichtigung ist daher nur im Außenbereich möglich.

Im 15. und vor allem im 16. Jahrhundert wurden umfangreiche bauliche Veränderungen vorgenommen. Besonders unter Graf Georg II. (1548-1605), auch der „Baufreudige" genannt, verwandelte sich die Burg zu einer reizvollen Renaissance-Residenz. Von der alten Burg blieben nur die beiden nördlichen Türme erhalten. Ihre heutigen Helme aber stammen aus der Zeit um 1600. Die Wohngebäude zwischen den Türmen wurden aufgestockt und erhielten ihr steiles Schieferdach, wobei die Zinnen in Form der schmalen Fenster erhalten blieben. In der Nordostecke wurde 1590 das Hauptportal mit sich anschließender Wendeltreppe eingebaut, die zu den einzelnen Stockwerken hinaufführt. An Stelle der südlichen Schildmauer entstand ein drittes Gebäude. Dadurch mussten die beiden in der Schildmauer integrierten Türme ersetzt werden und es entstanden der mächtige „Rote Turm" (1531-1588) und der Uhrturm. Prunkstück der neuen Schlossanlage aber wurde nach Niederlegung der westlichen Schildmauer und der Toranlage der 1588 von Graf Georg II. erbaute einzigartige Schwibbogen, der den südlichen mit dem nördlichen Schlossflügel verbindet und dem Schloss sein zauberhaftes Aussehen verleiht. Gekrönt wird dieser Schmuckbogen von einer durchbrochenen Galerie mit Wappen und Posaunenengeln.

Im Westen der Schlossanlage entstanden ein neues Verwaltungsgebäude, die so genannte „Beschließerei", und eine Schlosskirche, für deren Eingang man das romanische Portal der nicht mehr benutzten Einhardsbasilika verwendete (siehe Seite 103). Beim Bau des heute bestehenden „Neuen Palais" in den Jahren 1808-1814 durch Graf Albert wurde die Schlosskirche mit dem kulturhistorisch so bedeutsamen Portal der Einhardsbasilika abgerissen und unwiederbringlich zerstört.

Durch diese Umbauten und Erweiterungen musste der Wassergraben neu verlegt werden. Der neue Zugang mit Tor und Zugbrücke lag nun im Süden und wurde durch eine Schildmauer zwischen dem Uhrturm und dem heutigen „Neuen Palais" abgesichert. Von dieser Schildmauer stammen vielleicht die schönen Wappensteine, die im Innenhof des alten Schlosses unter dem Erker aufgestellt sind. Südlich dieser Schlossanlage, im Vorhof, entstanden die Wohngebäude für die Bediensteten und die verschiedenen Wirtschaftsgebäude. Außerhalb der Anlage, an der Mümling, liegt die Ende des 16. Jahrhunderts erbaute Schlossmühle und der Gartenpavillon. Der sich nach Nordosten ausdehnende Park wurde Anfang des 19. Jahrhunderts in einen Englischen Landschaftsgarten umgewandelt.

Nach Besichtigung von Schloss Fürstenau beginnen
15 wir unsere Wanderung am Schlossplatz. Von dort gehen wir zur Schlossstraße vor, biegen dort nach rechts in die Einhardstraße ein und folgen der örtlichen Markierung **M 2** am Schlosspark vorbei das Mümlingtal abwärts. Seit dem Mittelalter gab es an der Mümling zahlreiche Mühlen, Schmelzen und Hammerbetriebe, die bis weit ins 19. Jahrhundert in Betrieb waren. Der „Untere Hammer" zwischen Steinbach und Asselbrunn galt als der bedeutendste im Odenwald. 1864 wurde er stillgelegt und in eine Maschinenfabrik umgewandelt. Das ehemalige Herrenhaus erkennt man noch heute als ein repräsentatives Gebäude mit einem mächtigen Walmdach. Die mittlere Toreinfahrt führte zu einem Innenhof, um den sich der Wirtschaftstrakt gruppierte. Hier verlassen wir den Rundweg M 2 und folgen der Markierung **Z 2** über die Mümlingbrücke in ein neues Industrie- und Geschäftsviertel. Hinter der Mümling wenden wir uns nach rechts und gehen die Untere-Hammer-Straße in Richtung Michelstadt. Dann biegen wir links ab und gehen zunächst durch eine Eisenbahn- und

**Heuberger Hof**

anschließend durch eine Straßenunterführung. Jenseits der Unterführungen stoßen wir auf den Rundweg **M 2** und folgen ihm nach links. Der gut ausgebaute Forstweg führt zum Waldrand und steigt von dort gemächlich an. An der Schutzhütte verlassen wir den Rundweg M 2 und gehen mit der örtlichen Markierung **Z 1**, rechts abbiegend, weiter bergauf. Wenig später kommen wir an zwei Wildäckern vorbei. Früher landwirtschaftlich genutzt, dienen sie heute nur noch jagdlichen Interessen. Auf der Höhe biegt unser Wanderweg rechts ab. Nach etwa einer Viertelstunde treten wir aus dem Wald und vor uns liegt eine freie Hochfläche. Zunächst laufen wir am Waldrand entlang bis zu einer Obstbaumallee, die zum Heuberger Hof führt. Mitte des 19. Jahrhunderts ließ Graf Eberhard von Erbach-Erbach auf dem Haberich umfangreiche Rodungen durchführen und ein herrschaftliches Hofgut errichten. Die vierseitige Anlage besteht aus einem schlichten, massiven Wohnhaus mit Freitreppe sowie den Wirtschaftsgebäuden. Dieser Hof wird in den Sommermonaten häufig von der Grafenfamilie bewohnt. Unsere Wanderung führt am Hof vorbei auf den gegenüberliegenden Waldrand zu. Von der Höhe hat man einen herrlichen Blick in nordwestliche Richtung. Am Waldrand gabelt sich der Weg, und wir halten uns links. Wenig später erreichen wir nahe einer Schutzhütte erneut eine Wegkreuzung. Gehen wir ein kleines Stück geradeaus weiter, so eröffnet sich uns oberhalb einer Deponie ein schöner Blick auf Weiten-Gesäß und in den Schlehengrund. Zurück zur Wegkreuzung folgen wir unserer Markierung auf einer breiten Forststraße bergab. Nach etwa 20 Minuten biegt unsere Markierung nach links in einen Waldweg ein, der nach einem kurzen Anstieg leicht abfallend am Zellerkopf entlang nach Zell führt.

Wie bei anderen „Zell"-Orten dürfte die Gründung dieser Siedlung von dem benachbarten Benediktinerkloster Steinbach ausgegangen sein. Die Ersterwähnung von Zell findet sich dementsprechend in einer Urkunde des Klosters Lorsch aus dem Jahre 1095. Über Jahrhunderte war Zell ein kleines Dorf mit nur wenigen Huben in dem hier engen Mümlintal an der Einmündung vom Brombach und Waldbach. Von den zahlreichen Mühlen hat die Baummühle in der Momarter Straße erst 1975 ihren Betrieb eingestellt. Dank der reizvollen Einbettung zwischen den bewaldeten Höhen ist Zell trotz zahlreicher Gewerbebetriebe ein bevorzugter Wohnort.

Der Wanderweg führt an der am Waldrand gelegenen Kirche vorbei hinab in den Ort. Hinter dem Bahnübergang halten wir uns rechts und stoßen wenig später auf die OWK-Markierung ▲ (rot). Hier wenden wir uns nach links und folgen dem „roten Dreieck" in einem Rechtsbogen über die Mümlingbrücke und die Bundesstraßenüberführung. Hinter der Überführung sehen wir auf der rechten Seite am Berghang den Friedhof. Hier lohnt sich ein

kleiner Abstecher zum Mangoldstein. In der westlichen Umfassungsmauer des Bergfriedhofs ist das Fragment eines Bildstockes eingemauert. Er gilt als Stiftung eines Hammerschmieds und wird auf die Mitte des 16. Jahrhunderts datiert.

Zurück zum Parkplatz folgen wir dem „roten Dreieck" an der Willi-Freiling-Hütte vorbei einen leicht ansteigenden Weg zwischen Weiden und Streuobstwiesen. Am Waldrand erreichen wir die Georg-Daum-Hütte und haben von hier oben einen schönen Blick ins Mümlingtal. Von nun an verläuft der Weg weitgehend eben. Bei der Schutzhütte Saubuche kommen wir aus dem Wald und gehen zwischen Wiesen und Feldern hinab nach Steinbach zur Einhardsbasilika (siehe Seite 102 ff.) und von dort durch die Schlossstraße zurück an unseren Ausgangspunkt.

# „Es steht ein Baum im Odenwald ..."

---

*Charakteristik:* *Wanderung zu historischen und naturkundlichen Sehenswürdigkeiten*
*Beste Wanderzeit:* *Ganzjährig*
*Ausgangspunkt:* *Naturpark-Parkplatz „Erlenbrunnen", Bad König*
*Karten:* *TF 20-6 „Mittlerer Odenwald"*
*Markierungen:* *④ – ▬ (weiß) – Ki 1 – ③ – ✕ (rot) – BK 5 – o. Mark. – BK 3 – ④*

| Ort | km | Zeit | Höhe | Informationen |
|---|---|---|---|---|
| P Erlenbrunnen | 0,0 | 0:00 | 220 | i ✆ (06063) 5009-0 |
| Gesundheitsbrunnen | 0,7 | 0:15 | 230 | ND, Schutzhütte |
| Odenwaldbaum | 1,2 | 0:25 | 340 | ND |
| Käsebrünnchen | 1,1 | 0:25 | 395 | Schutzhütte |
| Kimbach | 1,6 | 0:30 | 340 | |
| Bergwachthütte | 1,2 | 0:25 | 400 | Schutzhütte, Aussicht |
| Momarter Eiche | 3,4 | 1:00 | 350 | ND, Schutzhütte |
| Momart | 0,8 | 0:10 | 340 | |
| Bad König | 3,0 | 1:00 | 190 | Therme, |
| P Erlenbrunnen | 2,8 | 0:50 | 220 | |
| Gesamtstrecke | 15,8 | 5:00 | | Schwierigkeit: mittel |

*"Es steht ein Baum im Odenwald,*
*Der hat viel grüne Äst;*
*Da bin ich schon viel tausendmal*
*Bei meinem Schatz gewest."*

Dieses Lied, das der Lyrikerin Auguste von Pattberg zugeschrieben wird, die im „Kleinen Odenwald" aufwuchs und 1850 in Heidelberg starb, wurde zu Beginn der Wanderbewegung im Odenwald auf die Kimbacher Eiche übertragen. Dieser rund 300 Jahre alte Solitärbaum von 17 m Höhe, einer Kronenbreite von 13 m und einem Stammumfang von 3 ½ m, ist bei weitem nicht die mächtigste oder ehrwürdigste ihrer Art im Odenwald, zumal durch Blitzeinschlag ihr Wuchs stark beeinträchtigt wurde.

Ausgangspunkt unserer Wanderung ist der Naturpark-Parkplatz „Erlenbrunnen" an der L 3318 zwischen Bad König und Kimbach. Von dort folgen wir dem **Rundweg**

16

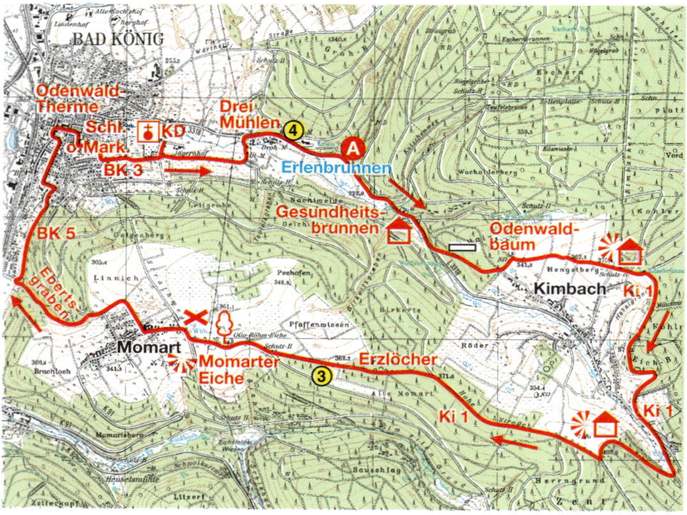


④ parallel zur Straße in Richtung Kimbach. Nach gut 10 Minuten wechseln wir mit dem Rundweg auf die andere Straßenseite, stoßen dort auf die OWK-Markierung **„weißer Strich“** und folgen ihr nach links zum Gesundbrunnen. Das hier sprudelnde weiche Wasser wird von vielen Leuten als Trinkwasser abgefüllt. Hinter dem Brunnen wechseln wir mit der OWK-Markierung wieder auf die andere Straßenseite und gehen im Wald aufwärts bis wir am Waldrand auf einen asphaltierten Weg stoßen, auf dem wir nach links zum „Odenwaldbaum“ gelangen. Wenige Schritte neben der Eiche sehen wir einen alten Grenzstein mit dem Erbacher und dem Breuberger Wappen. Dann gehen wir den asphaltierten Höhenweg leicht bergauf. Schauen wir zurück, so haben wir einen herrlichen Blick auf die Höhen jenseits der Mümling. Kurz hinter der Schutzhütte verlassen wir am Waldrand die OWK-Markierung und folgen dem örtlichen Rundweg **Ki 1** nach rechts. Dieser herrliche Panoramaweg führt uns in Waldrandnähe um Kimbach herum, überquert am Ortsende die Straße nach Vielbrunn und verläuft auf der anderen Seite durch den Wald aufwärts zur Bergwachthütte, die 1965 von der Bergwacht-Bereitschaft Kimbach errichtet wurde und die einen schönen Blick auf Kimbach bietet. Urkundlich wurde der Ort erstmals 1359 als „Kuntebuch“ erwähnt. 1551 gaben die Grafen von Erbach das Dorf im Tausch gegen Ober-

Kainsbach den Grafen von Wertheim. 1556 wurde Kimbach der Herrschaft Breuberg zugeordnet, was durch zahlreiche Grenzsteine rund um den Ort deutlich erkennbar ist.

**Käsebrünnchen**

Nach einem Linksbogen erreichen wir die „Hohe Straße" und folgen ihr nach rechts. Hier verlief die Nordgrenze der Mark Michelstadt, die von Einhard im Jahre 819 beschrieben wurde. Zahlreiche Grenzsteine mit dem Erbacher und Breuberger Wappen bekunden, dass diese Grenze auch später noch Gültigkeit hatte. Etwa eine Viertelstunde nach Waldeintritt gabelt sich unser Wanderweg. Wir halten uns links und folgen dem **Rundweg** ③ des Naturparks nach Momart. Im Waldstück, das wir zunächst durchlaufen, befinden sich noch alte Erzlöcher. In früheren Jahrhunderten wurde hier Erz abgebaut, das in Rehbach geschmolzen und verarbeitet wurde (siehe Seite 66).



Der Rundweg ③ endet am Parkplatz „Momarter Eiche". Beim Anblick dieser mächtigen, 4 ½ m Umfang und 24 m Spannweite messenden Traubeneiche stellt man sich unwillkürlich die Frage, warum man die Kimbacher Eiche und nicht diesen Baum literarisch verewigt hat. Das Alter dieser Eiche wird von Forstleuten auf etwa 400 Jahre geschätzt. Um der Stammfäule vorzubeugen wurden Risse auszementiert und mit Abflussröhren versehen. Von dem Rastplatz unter der Eiche hat man eine einmalige Fernsicht über die westlichen Höhenzüge von Mümling- und Gersprenztal bis zur Neunkircher Höhe, der zweithöchsten Erhebung des Odenwaldes (605 m).

Vom Rastplatz folgen wir der OWK-Markierung ✕ (rot) durch Momart. Der Flurname erscheint bereits 819 in der Grenzbeschreibung der Mark Michelstadt als „a monte Mamenhart". Der Ort wurde 1321 als „Maminhart" und

**Momarter Eiche**

1449 als „Mommenhart“ in Urkunden erwähnt.

Am Waldrand biegen wir links ab und gehen mit dem örtlichen Rundweg **BK 5** seitlich am Ebertsgraben abwärts. Dieser tief eingeschnittene Graben lässt erkennen, mit welcher Gewalt in Regenperioden das Wasser hier zu Tal stürzt. Am Waldausgang biegen wir rechts ab und gehen oberhalb der Häuser nach Bad König. Durch die Goethestraße, die Waldstraße und die Bahnhofstraße gelangen wir zum Kurzentrum mit der „Odenwald-Therme“.



1889 bohrte der Apotheker Karl Buchhold eine Quelle und stieß auf heilkräftiges Wasser. Sein Nachbar, der Flaschenbierhändler Ludwig Schnauber, ließ 1892 einen Brunnen für seinen Betrieb bohren und musste feststellen, dass sich Flaschen und Gläser nach mehrmaligem Spülen bräunlich färbten und unansehnlich wurden. Untersuchungen ergaben einen hohen Anteil an Eisen und Eisenkarbonaten sowie verschiedenen Spurenelementen besonders Mangan, Kalzium und Magnesium woraufhin Ludwig Schnauber beschloss, das heilwirksame Wasser zu vermarkten. Auch ein weiterer Nachbar wurde fündig, sodass kurzfristig drei konkurrierende Betriebe existierten. Diese Brunnen wurden später zur „Fafnirbrunnen-Gesellschaft G.m.b.H.“ in Anlehnung an Siegfrieds Kampf mit dem Drachen Fafnir zusammengefasst. Zur Anlage gehörten Brunnenhalle, Aufenthaltsraum, Gastwirtschaft und Bäderabteilung. 1972 wurde zwischen 370 und 480 m Tiefe

Thermalwasser gefunden, das mit 21° Celsius zu Tage tritt. Eine Wasseranalyse ergab, dass dieses Wasser auch für Trinkkuren geeignet ist. 1997 wurde beschlossen, das Kurzentrum völlig neu zu gestalten und unter Einbeziehung des Thermalbades eine neue „Odenwald-Therme" zu errichten. Auf einer Fläche von ca. 7000 Quadratmetern entstand ein kombinierter Erlebnis- und Gesundheitsbereich.

Vom Kurzentrum gehen wir durch die Elisabethenstraße zum Schlossplatz. Hier vermutet man die Wiege von Bad König. Als der Ort 806 erstmals als „Cunticha", was soviel bedeutet wie „sprudelndes Wasser", urkundlich erwähnt wurde, war das ehemals reichsunmittelbare Gebiet Umstadt im Besitz des Klosters Fulda. Später gelangte dieser Besitz an das Kloster Lorsch und kam 1232 mit diesem an Kurmainz. Zwischen1348 und 1459 wurden die Schenken von Erbach zunächst mit der Hälfte, schließlich mit der gesamten Zent König belehnt, die dann bis 1806 in ihren Händen blieb, bevor sie ihre Souveränitätsrechte dem neu gebildeten Großherzogtum Hessen abtreten mussten. Mit Übernahme der gesamten Zent im Jahre 1459 wurde König erbachischer Amts- und Verwaltungssitz. 1559 ließ Graf Georg I. zu Erbach-Erbach auf den Grundmauern der mittelalterlichen Burg ein neues Schloss errichten. Bis 1747 kam es mehrfach zu Nutzungsteilungen innerhalb der Grafschaft. Dann erfolgte eine völlige Neuordnung zwischen den drei Linien Erbach-Fürstenau, Erbach-Erbach und Erbach-Schönberg. Die jüngste Linie, Erbach-Schönberg, erhielt zu dem Amt Schönberg das Amt König und den erbachischen Anteil der Herrschaft Breuberg. Graf Georg August ließ daraufhin das Schloss umbauen und gab ihm seine heutige Gestalt. Als er jedoch 1750 die Hauptresidenz vom Schloss Schönberg an der Bergstraße nach König verlegte, stellte sich heraus, dass der Bau bald zu klein war und 1793 entstand neben dem Alten Schloss das Neue Schloss, der Graf Christian Bau.

Nachdem 1919 die Reichsvermögenssteuer und das Reichsopfer eingeführt wurden, trennte sich Fürst Alexander zu Erbach-Schönberg bei seinem Wegzug von Bad König von einigen seiner Immobilien und schenkte das Alte Schloss der Stadt mit der Auflage, dort Wohnungen für Bedürftige einzurichten. Nutzung und Umbauten wechselten in der Folgezeit häufig. 1937 trennte sich das Fürstenhaus auch vom Neuen Schloss. Heute beherbergt das Alte Schloss die Stadtverwaltung, im westlichen Seitentrakt das Heimatmuseum, während das Neue Schloss derzeit an eine Firma vermietet ist.

Unser Wanderweg führt über den Schlossplatz auf das Alte Schloss zu. Auf der linken Seite kommen wir an der Rentmeisterei vorbei. Heute finden in dem umgebauten historischen Gebäude kulturelle Veranstaltungen und Empfänge statt. Dann gehen wir durch den Torbogen des mit Fassadenmalerei geschmückten Alten Schlosses hindurch zur evangelischen Schlosskirche. Schon allein die Form des trutzigen Kirchturmes und der erhöhte Platz der Kirche vermitteln die Vorstellung eines frühmittelalterlichen, in die Burganlage integrierten und durch Graben und Mauer geschützten Wehrkirche. Das Kirchengebäude lässt verschiedene Bauperioden erkennen. Der älteste Teil ist sicherlich der wuchtige Kirchturm von 1479, der, denkt man sich die Turmspitze weg, an einen Bergfried erinnert, während Langhaus und Chor 1750/51 von Graf Georg August zu Erbach-Schönberg neu errichtet wurden. In der westlichen Außenwand des Kirchturmes wurde ein römischer Grabstein eingemauert, dessen Inschrift in etwa lautet: „Den Totengöttern, für Lucius Sextius Valens."

Von der Kirche gelangen wir über eine zweiläufige Freitreppe in den 1793/94 im italienischen Stil angelegten Lustgarten und von dort in die Martin-Luther-Straße.
16 Hier halten wir uns links und biegen an deren Ende auf einem Fußpfad rechts ab. Bei der nächsten Querstraße stoßen wir auf die örtliche Markierung **BK 3**, der wir nach links zum Friedhof folgen. Dort befindet sich eine Kapelle, die nach der Einhardsbasilika der zweitälteste Kirchenbau im Odenwaldkreis ist. Namhafte Fachleute datieren den Kernbau in die erste Hälfte des 9. Jahrhunderts, also in karolingische Zeit. Dabei beziehen sie sich auf die aus einem Steinblock gehauenen Fenster sowie auf ein zugemauertes Portal. Ursprünlich bestand die Kapelle aus einem rechteckigen Schiff mit ostwärts gerichteten quadratischem Chor und kleinen rundbogigen Fensterchen auf der Südseite.

Die Lage der Kirche außerhalb einer geschlossenen Siedlung und der Fund einer römischen Minerva unter dem Fußboden der Kapelle im Jahre 1866 lassen vermuten, dass es sich um eine alte Wallfahrtskapelle handelte, die möglicherweise über einem heidnischen Quellheiligtum errichtet wurde. Hierfür sprechen auch Kratzbilder an der Kapellensüdseite und Wetzmarken an der Außenwand, um mit dem Steinmehl Schmerzen zu lindern und Krankheiten zu heilen. 2000 wurden Sanierungsarbeiten durchgeführt und 2002 mit der Freilegung vorreformatorischer Wandmalereien begonnen, wobei bewusst auf einen neuen Außenputz verzichtet wurde, um historische Besonderheiten nicht zu verdecken. Vielleicht war das Kirchlein schon Ruine als um 1514 Schenk Eberhard von Erbach es wieder herstellen und vergrößern ließ. Als man beim Neubau der Schlosskirche den Kirchfriedhof hierher verlegte, wurde das Kirchlein Friedhofskapelle.

Auf dem Friedhof befinden sich auch die Gräber bekannter Persönlichkeiten wie z. B. die Grabstätte der Gräfin Auguste Caroline zu Erbach-Schönberg, das Grabmal des Polarforschers Carl Weyprecht, das des Begründers der ersten landwirtschaftlichen Berufsgenossenschaft im Odenwald, Dekan Johann Adam Groh oder das Grab des Kunst- und Heimatmalers Georg Vetter.

Vom Friedhof gehen wir zurück auf den Rundweg BK 3 und folgen ihm zu den „Drei Mühlen". Die Grohmühle, erstmals erwähnt 1450, und die Künzelsmühle, erwähnt 1544 als „Newe muln" (neue Mühle) waren Getreidemühlen, die dritte, zuletzt Hoffarts-Mühle, war eine Ölmühle. An der Künzelsmühle befindet sich noch ein großes Mühlrad. Alle drei Mühlen haben ihren Betrieb eingestellt.

Hier überqueren wir die Landstraße 3318 und laufen auf einem Waldpfad parallel zur Straße mit dem **Rundweg** ④ des Naturparks zurück zum Parkplatz.

# Die Römer im Odenwald

| | |
|---|---|
| *Charakteristik:* | *Wanderung zu historischen Sehenswürdigkeiten* |
| *Beste Wanderzeit:* | *März – November* |
| *Ausgangspunkt:* | *Naturpark-Parkplatz „Kastell Hainhaus“* |
| *Karten:* | *TF 20-6 „Mittlerer Odenwald“* |
| *Markierungen:* | *L (weiß) – Vi 1 – Vi 2 – — (weiß)* |

| Ort | km | Zeit | Höhe | Informationen |
|---|---|---|---|---|
| P Kastell Hainhaus | 0,0 | 0:00 | 455 | i ✆ (06061) 74-0 |
| Vielbrunn | 3,1 | 1:00 | 400 | |
| Geyerstal | 2,5 | 0:40 | 280 | |
| Bremhof | 2,7 | 1:00 | 380 | |
| P Kastell Hainhaus | 2,5 | 0:50 | 455 | KD |
| Gesamtstrecke | 10,8 | 3:30 | | Schwierigkeit: leicht |

Noch heute, nach fast 2000 Jahren, stößt man im östlichen Teil des Naturparks Bergstraße-Odenwald auf eine Fülle von Spuren der ehemaligen Grenzbefestigungen des römischen Reiches.

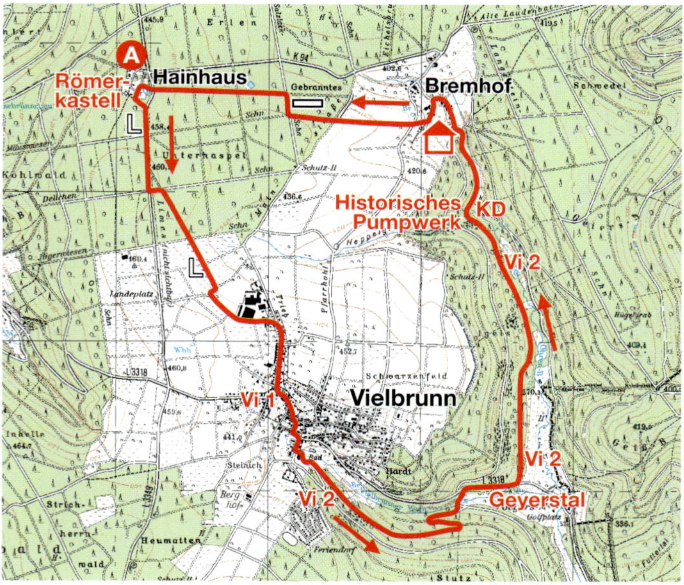

Im Jahre 9 n. Chr. war mit der Niederlage im Teutoburger Wald das Vorhaben von Kaiser Augustus gescheitert, die Grenze des römischen Reiches bis an die Elbe auszudehnen. Unter dem Druck der Germanen mussten die Römer sich wieder aus den eroberten Gebieten zurückziehen, und Rhein und Donau bildeten erneut die natürliche Grenze zu den germanischen Stämmen. Da das rechtsrheinische Gebiet zwischen dem Main und dem Schwarzwald jedoch kaum besiedelt und dicht bewaldet war, drangen die Römer schon bald wieder über den Rhein nach Osten vor, um den Grenzverlauf zwischen Rhein und Donau zu begradigen. Der Sieg über die Chatten (83-85 n. Chr.), der zur Besetzung der Wetterau geführt hatte, veranlasste Kaiser Domitian, eine neue Grenzlinie von Wörth am Main über die Höhenzüge des östlichen Odenwaldes bis nach Neckarburken zu ziehen. Dieser Höhenzug bildete eine lange, schmale Hochfläche mit geringen Höhenunterschieden, die sich zuweilen zu einer Passlinie verengte.

Der Begriff „Limes" wurde von den Römern im Sinne von „Weg" oder „Pfad" verwendet. In dieser Bedeutung wurde ein Patrouillenweg angelegt, wobei über weite Strecken Schneisen in den Wald geschlagen werden mussten. Dieser Weg wurde mit hölzernen Wachttürmen und Kastellen unterschiedlicher Größe abgesichert. Da der Limes auch als Signallinie verwendet wurde, waren die Standorte so gewählt, dass das unmittelbare Vorgelände und die Limeslinie bis zum nächsten Wachtturm überblickt werden konnten. Die Turmbesatzungen hatten die Aufgabe, bei Annäherung feindlicher Truppen Alarm zu schlagen und diesen von Turm zu Turm bis zum nächsten Kastell weiterzugeben. Um die Türme abzusichern, damit sie nicht sofort eingenommen werden konnten, befand sich der Turmeingang im Mittelgeschoss und war nur über eine Leiter erreichbar. Des Weiteren hatten die Holztürme einen massiven Unterbau, der bei Angriffen kaum zerstört werden konnte. Grundriss war ein trocken gesetztes Mauerviereck, das an den Ecken Aussparungen zeigte, in denen mächtige Eckpfosten von 30 x 30 cm saßen. Im Mauerwerk befanden sich Schlitze, in die über Kreuz liegende Balken eingefügt waren. Die Zwischenräume waren mit Steinen, Erde und Lehm ausgefüllt. Auf diesem massiven Erdgeschoss ruhte eine zweistöckige Holzkonstruktion. Der obere Teil diente zur Überwachung des Geländes, während der untere Teil Wohn- und Schlafraum für die 4 bis 5 Mann starke Besatzung war.

In der zweiten Bauphase unter Kaiser Hadrian wurde zwischen 120 und 130 n. Chr. als Annäherungshindernis vor dem Patrouillenweg ein etwa 3 m hoher Palisadenzaun errichtet.

Unter Antonius Pius wurden in den Jahren 145 und 146 n. Chr. die inzwischen baufällig gewordenen Holztürme durch Steintürme ersetzt. Im Gegensatz zu den Holztürmen besaßen die Steintürme ein begehbares Untergeschoss. Dieser dritte Raum konnte zur Aufbewahrung von Mannschaftsvorräten genutzt werden. Der Eingang zu den Steintürmen lag unverändert im mittleren Stockwerk.

Die letzte Ausbaustufe am Limes erfolgte unter Kaiser Septimius Severus zwischen 193 und 211 n. Chr. Sie fehlt beim Odenwaldlimes, da dieser um 159 n. Chr. aufgegeben und weiter östlich an den Main vorverlegt worden war. Bei dieser letzten Ausbauphase wurden zwischen Patrouillenweg und Palisade ein Wall und ein Graben als zusätzliches Annäherungshindernis angelegt. Im Gegensatz zum Taunus oder in anderen Gegenden kann im Odenwald die Limeslinie nicht durch eine sichtbare Wallaufschüttung oder Grabenmulde verfolgt werden. Ihr Verlauf ist nur durch eine Kette von Wachtturmruinen und Kastellen markiert. Da jedoch über Jahrhunderte die Umgebung um den Limes dicht bewaldet und kaum besiedelt war, konnten sich hier die Überreste besser erhalten als anderswo.

17 Außer den Wachttürmen wurden entlang des Limes Kastelle angelegt. Es waren Kohortenkastelle für etwa 500 Mann, Numerikastelle für bis zu 150 Mann und Kleinkastelle für ca. 30 Mann Besatzung. Die Soldaten waren Hilfstruppen, die vorwiegend aus der Bevölkerung der eroberten Gebiete rekrutiert worden waren: Aquitaner aus Südfrankreich, Sequaner aus der Schweiz und vor allem Brittonen aus England und Wales. Kohortenkastelle befanden sich in Obernburg, Oberscheidental und Neckarburken; Numerikastelle in Lützelbach, Hainhaus, Eulbach, Würzberg und Hesselbach; Kleinkastelle u. a. im Sattel zwischen Breitenbrunn und Haingrund oder zwischen der Höllklinge und dem Leininger Tal südlich von Hesselbach.

Der Limes war von den Römern zum Zweck der Überwachung ihrer Grenzen angelegt worden, um räuberische

Überfälle der germanischen Stämme auf die reichen römischen Provinzen zu verhindern. Ferner sollte der Übergang der Grenze nur an bestimmten, genau kontrollierten Stellen ermöglicht werden. Versuchten die Germanen die Grenzlinie zu durchbrechen oder einen Wachtturm zu überfallen, so konnte mittels optischer oder, bei schlechtem Wetter, akustischer Signale die Nachricht von Turm zu Turm zum nächsten Kastell weitergegeben und Unterstützung zur Abwehr der Eindringlinge angefordert werden. Diese Aufgabe hat der Limes voll erfüllt. Zur wirkungsvollen Verteidigung der Grenze war jedoch die Zahl der am Limes stationierten Söldner zu gering. Schon der erste kriegerische Angriff der Alemannen auf den Limes im Jahre 233 ließ diesen zusammenbrechen, und die Germanen drangen weit auf römisches Gebiet vor. Zwar gelang es den Römern sie zurückzudrängen, doch ging bei einem erneuten Ansturm der Alemannen in den Jahren 259/60 der gesamte obergermanische Limes verloren, und die Römer mussten ihre Grenze wieder hinter Rhein und Donau zurücknehmen. Die alemannischen Stämme aber drangen nicht in den Odenwald ein. Sie siedelten entlang der Flussläufe und vor allem in Südwestdeutschland. Der Odenwald behauptete seinen siedlungsfeindlichen Charakter bis ins 7. Jahrhundert. Es war den Franken unter Führung der Klöster und Bistümer vorbehalten, diese wilde Gebirgslandschaft zu besiedeln. Der Gedanke an den Limes geriet in Vergessenheit, was ihn in gewisser Hinsicht konservierte.



Das Numeruskastell Hainhaus, an dem wir unsere Wanderung beginnen, war auf der Passstraße zwischen dem Mümling- und dem Maintal angelegt. Das nach Osten ausgerichtete Kastell hatte eine Größe von 72 x 79 m. Die Umfassungsmauern hatten eine Breite von 0,8 m. Der Fund mehrerer verputzter Quadersteine am Osttor lässt vermuten, dass die gesamte Wehrmauer verputzt war. Vor der Mauer befand sich ein einfacher Graben. Der dahinter angeschüttete 5 m breite Wall ist noch deutlich erkennbar. Er diente den Söldnern als Wehrgang. Der Erdhügel in der Südwestecke ist nicht römischen Ursprungs, sondern ist der Erdaushub eines aufgegebenen Eiskellers. Das Kastell hatte drei mit Türmen bewehrte Tore. Auf der westlichen Rückseite befand sich außerdem eine Durchschlupfpforte. Bei den von der Reichslimeskommission durchgeführten

**Römischer Wachtturm**

Ausgrabungen zeigte sich, dass das Osttor am besten erhalten war. Es hatte eine Breite von 3,46 m und die das Tor flankierenden Türme hatten einen Umfang von 2,75 m x 3,60 m. Im Zentrum des Kastells stand die „Principia", die Kommandantur, mit Fahnenheiligtum, Schreibstube und Waffenkammer. Vor der Kommandantur war der Appellplatz, dahinter das Haus des Kommandanten. Seitlich davon befanden sich die Mannschaftsunterkünfte, Stallungen, Lagerhallen, Werkstattbauten sowie die Latrinen.

Auch das zu jedem Kastell gehörige Bad wurde etwa 180 m nordwestlich der Anlage gefunden.

In einer Urkunde von 1432 wurde das Kastell Hainhaus als „Bentzenburg" bezeichnet, was soviel wie Gespenster- oder Geisterburg bedeutet. Man muss darin das Bemühen einer Deutung der unnatürlichen Steinansammlungen sehen. Auch die Bezeichnung „Hainhaus" in der Bedeutung von „Hüne" = Riese dokumentiert, dass früher noch umfangreiche Ruinen vorhanden gewesen sein mussten. In diese Kastellruine bauten die Fürsten von Löwenstein-Wertheim-Rosenberg im 18. Jahrhundert ein Jagdschloss. Glücklicherweise sind bei diesen Baumaßnahmen die Umfassungsmauern des Kastells nur an wenigen Stellen zerstört worden. Man war offensichtlich bemüht, die Gebäude in die bestehende Anlage zu integrieren, und das Osttor des Kastells wurde als Zugang zum Jagdhaus sinnvoll genutzt. Neben der Zufahrt hatte der Fürst 6 Steinsessel aufstellen lassen, die, dem romantischen Zeitgeist entsprechend, ein Hauch römischer Vergangenheit vermitteln sollten. Es ist jedoch umstritten, ob der Fürst die aus einem Block gehauenen barocken Steinsessel mit volutengeschmückten Arm- und Rückenlehnen extra hat anfertigen lassen, oder ob man sie von dem ehemaligen Vielbrunner Gerichtsplatz hierher transportiert hat, um den fürstlichen Jagdgesellschaften als Sitzplatz zu dienen.

Vom Hainhaus folgen wir dem mit einem weißen **„L“** markierten Limesweg des Odenwaldklubs in südlicher Richtung nach Vielbrunn. Dieser Wanderweg wurde 1980 vom Odenwaldklub entlang der römischen Grenzlinie angelegt. Er beginnt in Obernburg am Main, ist 83,3 km lang und führt an allen zugänglichen Turmstellen und Kastellanlagen vorbei. Vielfach sind Informationstafeln aufgestellt worden, so dass der Limesweg auch als Lehrpfad bezeichnet werden kann. In Vielbrunn verlassen wir den Limesweg und folgen der örtlichen Markierung **Vi 1** nach links hinab zur Ortsmitte.

Vielbrunn wurde im 11. Jahrhundert erstmals als „Villebrunnen“ urkundlich erwähnt. Weitere Nennungen waren 1159 als „Fallebrunne“ und 1165 „Fullenburnen“. Der Name „Villebrunnen“ bzw. „Vielbrunn“ ist aber nicht als Ort zahlreicher Brunnen zu deuten, da nachweislich über Jahrhunderte das ganze Dorf aus einem einzigen, aber stark schüttenden Brunnen mit Wasser versorgt wurde. Die Vorsilbe „Viel“ ist hier also als „stark fließend“ zu verstehen. Erst mit der rasch anwachsenden Bevölkerungszahl im 19. Jahrhundert wurde ein zweiter Brunnen angelegt bevor Anfang des 20. Jahrhunderts die zentrale Wasserversorgung eingerichtet wurde.

Vielbrunn wurde von Mönchen des Klosters Amorbach am Rande einer Rodung auf der Hochebene angelegt. Über die Grafen von Wertheim und das Kloster Bronnbach a. d. Tauber kam der Besitz um 1200 an die Herren von Lützelbach, den späteren Herren von Breuberg. Mit dem Erwerb der Hälfte der Herrschaft Breuberg im Jahre 1556, hatten auch die Grafen von Erbach-Schönberg Anteil an Vielbrunn. Nach dem Dreißigjährigen Krieg war der Ort fast ausgestorben und konnte sich nur mühsam wieder erholen. 1806 wurde Vielbrunn als Teil der Herrschaft Breuberg dem Großherzogtum Hessen-Darmstadt zugeordnet.

**Blick auf Vielbrunn**

Verwaltet wurde Vielbrunn zunächst vom Landratsamt Neustadt und gehört seit 1874 zum Kreis Erbach. Bei der Gemeindereform von 1971 wurde der Ort Stadtteil von Michelstadt, obwohl es zwischen den beiden Ortschaften in all den zurückliegenden Jahrhunderten nie eine historische oder administrative Beziehung gegeben hat.

In Vielbrunn wechseln wir vom Rundweg Vi 1 auf den Rundweg **Vi 2** und folgen ihm zusammen mit der OWK-Markierung ■ (gelb) das Vielbrunner Tal abwärts. Kurz vor der Geyersmühle mündet der Wanderweg in die Fahrstraße, der wir talwärts folgen und dann mit dem Rundweg Vi 2 nach links in das Geyerstal einbiegen. Nach etwa 2 km befindet sich rechts unterhalb der Weges das ehemalige Wasserwerk, dem Vielbrunn Anfang des 20. Jahrhunderts seine zentrale Wasserversorgung verdankt. Die 1905 im Jugendstil verzierte Anlage mit seinem pompösen Eingangstor hatte zur damaligen Zeit bei der Gemeinde für viel Unmut gesorgt, da sie für den nicht angebrachten Luxus aufkommen musste. Im Innern befindet sich das noch vollständig erhaltene Pumpwerk, das das Wasser aus dem Tal zum 168 m höher gelegenen und etwa 2 km entfernten Hochbehälter beförderte. In geringer Entfernung befindet sich die im gleichen Stil errichtete Brunnenstube. Nach der Eingemeindung nach Michelstadt übernahmen die dortigen Stadtwerke die Wasserversorgung und bauten von Weiten-Gesäß eine 4,7 km lange Leitung nach Vielbrunn. Das stillgelegte Wasserwerk im Geyerstal wurde ab 1994 durch den Verein „Museumsstraße Odenwald-Bergstraße" in mehreren Abschnitten restauriert, um es als Kleinod früherer Technik zu erhalten und der Öffentlichkeit zugänglich zu machen. 1999 wurde etwas oberhalb der früheren Anlage ein neues Wasserwerk gebaut, um den gestiegenen Bedürfnissen der Bevölkerung Rechnung zu tragen.

Etwa 10 Minuten später erreichen wir den aus nur wenigen Häusern bestehenden Weiler Bremhof. Diese Siedlung wurde im 12. Jahrhundert erstmals als „Brambuch" erwähnt. Im 13. Jahrhundert unterhielten die Zisterzienser von Bronnbach a.d. Tauber hier einen Klosterhof. Am Ortsende verlassen wir den Rundweg Vi 2 und folgen der OWK-Markierung **„weißer Strich"** zurück zum Hainhaus, dem Ausgangspunkt unserer Wanderung.

# Im Eulbacher Wildpark

*Charakteristik:* *Erlebnisreiche Waldwanderung*
*Beste Wanderzeit:* *März – August*
*Ausgangspunkt:* *Vielbrunn*
*Karten:* *TF 20-6 „Mittlerer Odenwald"*
*Markierungen:* *Vi 6 – L (weiß) – ◇ (weiß) – ✕ (rot) – [bzw. ▲ (gelb) – Ⓥ – o. Mark. – ③ – WG 2] ■ (gelb)*

| Ort | km | Zeit | Höhe | Informationen |
|---|---|---|---|---|
| Vielbrunn | 0,0 | 0:00 | 420 | ℹ ✆ (06061) 74-0 |
| Eulbach | 4,8 | 1:30 | 513 | Tierpark, Römersteine, 🍴 |
| Weiten-Gesäß | 3,5 | 1:00 | 364 | 🍴 |
| | [ 5,7 | 1:30 ] | | [ Umleitung ] |
| Vielbrunn | 3,4 | 1:10 | 420 | 🍴 |
| Gesamtstrecke | 11,7 | 3:40 | | Schwierigkeit: mittel |
| | [ 13,9 | 4:10 ] | | [ bei Umleitung ] |

Vielbrunn liegt am Rande eines etwa 450 m hohen Höhenzuges, der sowohl nach Osten als auch nach Westen steil abfällt. Der Ort wurde bereits im 11. Jahrhundert als „Villebrunnen" erstmals urkundlich erwähnt (siehe Seite 125 f.) und erlangte schon früh ein großes Kirchspiel, dem noch im 17. Jahrhundert die gesamte Zent Lützelbach angehörte. Heute zählt außer den Weilern Bremhof und Brunnthal nur noch Kimbach dazu. Die Gemarkung mit knapp 2500 Hektar ist die größte des Odenwaldkreises und mit ca. 75 % Waldanteil auch eine der waldreichsten, was sich auf den Fremdenverkehr positiv auswirkte.

18

Wir beginnen unsere Wanderung in der Ortsmitte und folgen von dort dem örtlichen Rundweg **Vi 6** am Berghof vorbei hinauf in den Wald. Dort stoßen wir auf den Limes-Wanderweg **„L"** (siehe Seite 125), dem wir geradeaus folgen. Dieser Weg verläuft stellenweise an der hessisch-bayerischen Landesgrenze entlang. Besonders sehenswert sind alte Lagersteine mit dem Mainzer Rad, die die alte Grenze der Mark Michelstadt kennzeichnen. Beim Zusammentreffen mit der **„weißen Raute"** des Odenwaldklubs verlassen wir den Limes-Wanderweg und gehen mit der neuen OWK-Markierung nach rechts zum Jagdschloss Eulbach.

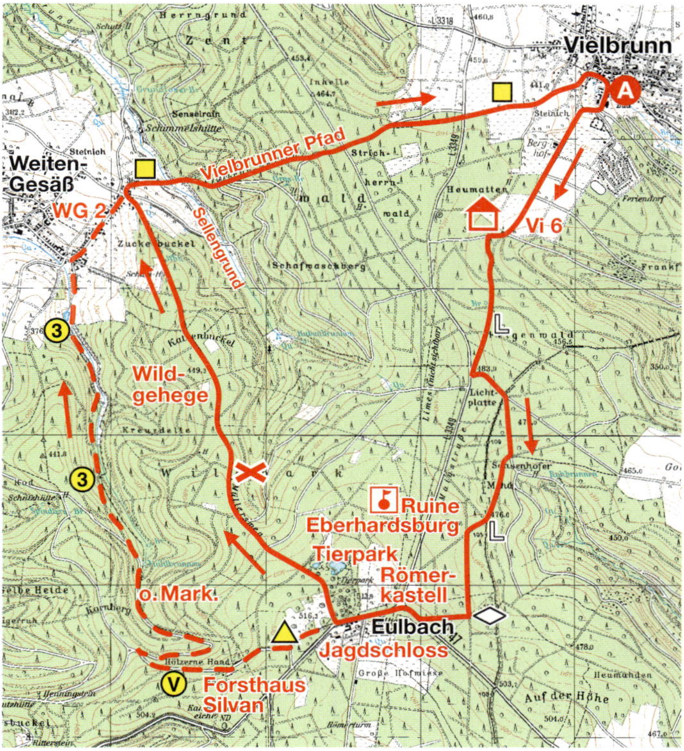


Etwa dort, wo die Straße nach Vielbrunn von der B 47 abzweigt, befand sich früher das Römerkastell „Eulbach“. Heute verläuft die Bundesstraße mitten durch die einstige Anlage. Graf Franz I. zu Erbach-Erbach hatte 1806 die Ruinen noch untersuchen und Fundstücke in seinen neu angelegten Park bringen lassen.



Kastell Eulbach lag an einer zentralen Stelle, an der schon in römischer Zeit verschiedene Wege zusammenliefen. Die Wahl des Standortes hatten die Römer also nach strategischen Gesichtspunkten vorgenommen. Die Ausgrabungen ergaben eine Kastellgröße von 70 x 78 m und entsprachen damit den Maßen eines Numeruskastells mit einer Besatzung von 150 Mann. Vielleicht wurde nach Abzug der Römer auch weiterhin auf dem Plateau gesiedelt, denn 819 wurde Eulbach in der Grenzbeschreibung der Mark Michelstadt erstmals urkundlich erwähnt. Im Mittelalter hatte sich Eulbach zu einem kleinen Dorf

**Kastelltor**

entwickelt, dessen Einwohnerzahl zwischen 50 und 80 schwankte. Das vorläufige Ende für Eulbach kam mit dem Dreißigjährigen Krieg. Der Ort wurde völlig verwüstet und starb aus. Nach dem Krieg ließen die Grafen von Erbach die brach liegenden Flächen aufforsten. Der Rest der einstigen 11 Huben wurde zu einem gräflichen Hofgut zusammengelegt, das bis etwa 1842 bestand. 1771 ließ Graf Franz ein einstöckiges, massives Jagdhaus errichten. Dieses wurde um 1800 in Fachwerk aufgestockt und als gräflicher Sommersitz eingerichtet. 1802 kamen ein Forsthaus, Stallungen und ein großer Hof mit Jägerei hinzu, von dem sich Teile in dem heutigen Gasthof erhalten haben. Graf
18 Eberhard ließ 1846 das Jagdhaus in ein kleines Schloss mit Eckturmerkern ausbauen. Das auch im Innern bestens ausgestattete Schloss ist heute der Wohnsitz der gräflichen Familie zu Erbach-Erbach.

Bereits 1795-98 hatte Graf Franz einen riesigen Wildpark von ca. 3000 ha anlegen lassen, von dessen einstiger Einfriedung noch zahlreiche Reste im Wald zu finden sind. Dieser wurde bereits 1848 erheblich verkleinert und besteht seit 1912 nur noch auf einer Restfläche von ca. 400 ha, auf der Hirsche, Wildschweine und Wisente gehegt werden. Bekanntester Teil der Anlage und Besuchermagnet ist der im Wildpark integrierte Englische Garten. Den Entwurf lieferte einer der größten Landschaftsarchitekten seiner Zeit, der kurpfälzisch-kurmainzische Hofgartenbaudirektor Friedrich Ludwig von Sckell, der auch die Landschaftsgärten von Schwetzingen, München und Wiesbaden-Biebrich schuf. Der Park wurde mehrmals erweitert, so 1810 und vor allem 1818, als durch den Aushub des großen Weihers der Hügel entstand, auf dem Graf Franz eine künstliche Ruine, die Eberhardsburg, erbauen ließ. Dem Geschmack der Zeit entsprechend bestückte er den Park mit römischen Fundstücken, die er bei seinen Grabungen am Odenwaldlimes zutage förderte. So entstand ein liebenswertes Zeugnis romantischer Bemühungen zur Wiedererweckung vergangener Epochen. Aus den Steinen des Kastells Würzberg ließ Graf Franz einen 8 m hohen Obelisken bauen. Es ist eine verkleinerte Nachbildung des 45 m hohen Obelisken des Sonnentempels in Heliopolis, der heute in Rom steht. Eine nicht beschriftete Tafel aus dem gleichen Kastell wurde mit folgender Inschrift versehen: „Ex ruderibus castelli Romani ad Wirzberg extructus" (Aus Trümmern des römischen Kastells zu Würzberg errichtet). Aus Steinen des 1806 jenseits der Straße ergrabenen Kastells Eulbach ließ der Graf ein Kastelltor aufbauen und ein zweites, größeres Kastelltor entstand aus den restlichen Steinen des Würzberger Kastells. Die Rekonstruktion beider Kastelltore entspricht jedoch nach heutiger Kenntnis nicht dem ursprünglichen Zustand. Man geht davon aus, dass die Höhe der Kastellmauer 4 bis 5 Meter betragen hat. Auch die künstliche Ruine eines Wachtturms wurde im Park aufgebaut. Die hierzu verwendeten Steine stammen von dem Wachtturm Wp 10/22 südlich des Parks. Nach neuesten Untersuchungen aber konnte festgestellt werden, dass die Maße des nachgebauten Turmes nicht dem Original entsprachen. Da die Abtragung der Steine nur an der Oberfläche geschah, blieben die Fundamente erhalten und konnten bei erneuten Grabungen exakt nachgemessen werden. Am Turm sind zwei Inschrifttafeln eingelassen. In der Mitte die zerbrochene Bauinschrift des Steinturms Wp 10/22, wonach dieser von britischen Söldnern im Jahre, in dem Kaiser Antonius Pius zum vierten Mal Konsul war (= 145 n. Chr.), errichtet worden war, und rechts daneben ist die Inschrift der *Cohors I Sequanorum et Rauracorum* von Wp 10/34 eingemauert.

Graf Franz und seine Nachfolger ließen noch zahlreiche andere römische Fundstücke nach Eulbach bringen und in dem Park aufstellen. So findet man hier Stützpfeiler und Zwergsäulen von Aussichtsfenstern ehemaliger

18

**Im Eulbach-Park**

Wachttürme, die man irrtümlich für Grabsteine römischer Legionäre hielt, beschriftete Steinsockel, Inschrifttafeln und Altarsteine. Sie geben uns wertvolle Hinweise wie z. B. auf den genauen Zeitpunkt ihrer Aufstellung oder die Besatzung eines Kastells. Neben den römischen Steinen findet man im Park auch alte Gemarkungs- und Grenzsteine. Aus Steinen der Wildenburg, der Leonhardskapelle bei Beerfelden/Falken-Gesäß, dem oberen Tor in Michelstadt

**Nachbildung des Obelisken von Heliopolis**

18

und dem Schloss Reichenberg ließ Graf Franz die künstliche Ruine der Eberhardsburg zusammenbauen. Mit dieser Sammlung hat Graf Franz den ältesten archäologischen Park Deutschlands geschaffen, der einen nachhaltigen Eindruck vom Odenwaldlimes vermittelt, selbst wenn die Rekonstruktionen nicht unbedingt dem ursprünglichen Zustand entsprechen.

Nach Besichtigung des Parks, dem noch ein großes Wildgehege angegliedert ist, in dem besonders die Wisente die Besucher anlocken, folgen wir schräg gegenüber dem Jagdschloss der OWK-Markierung ✕ (rot) mitten durch den Wildpark. Dieser Weg ist jedoch zur Zeit der Hirschbrunft vom 1. September bis zum 15. Oktober gesperrt. Auch darf er nur tagsüber von 7.00 bis 18.00 Uhr bzw. während der Sommermonate bis 20.00 Uhr begangen werden. Außerhalb dieser Öffnungszeiten folgen wir vom Jagdschloss der OWK-Markierung ▲ (gelb) bis zum Forsthaus Silvan und biegen dort halbrechts ab. Auf einem mit **„V"** markierten Verbindungsweg laufen wir bis zur nächsten großen Wegkreuzung. Hier biegen wir im spitzen Winkel scharf rechts ab und laufen **ohne Markierung** auf einer gut ausgebauten Forststraße erneut in Richtung Wildgatter und an diesem entlang. Nach etwa einer Viertelstunde stoßen wir in der Nähe des Mühlbrunnens auf den **Rundweg** ③ des Naturparks, dem wir nun immer am Gatter entlang talwärts nach Weiten-Gesäß folgen. Dieser Wegabschnitt ist landschaftlich äußerst reizvoll.

Weiten-Gesäß wurde 1113 erstmals als „Widengesehesz", als Besitz des Klosters Steinbach, urkundlich erwähnt. Der Ort ist eine unregelmäßige Streusiedlung, der sich sowohl am Bachlauf im Tal als auch auf der gerodeten Höhe ausdehnt. Auch dieser Ort war im Dreißigjährigen Krieg durch Brandschatzung und Pest vom Aussterben bedroht. Als Teil der Zent Michelstadt waren die Schenken und späteren Grafen von Erbach-Fürstenau die Besitzer.



Gleich am Ortseingang stoßen wir auf die OWK-Markierung ■ (gelb) und folgen ihr nach rechts hinauf auf die Höhe. Dort kreuzt der aus dem Wildpark kommende Wanderweg ✕ (rot) unsere Markierung. Wir bleiben auf dem „gelben Viereck" und folgen ihm hinab in den idyllischen Sellengrund und von dort den „Vielbrunner Pfad" durch den Zentwald bergauf zurück nach Vielbrunn.

# Auf den Spuren von Römern und Pilgern

---

| | |
|---|---|
| *Charakteristik:* | *Landschaftlich reizvolle Wanderung zu historischen Sehenswürdigkeiten* |
| *Beste Wanderzeit:* | *Ganzjährig* |
| *Ausgangspunkt:* | *Naturpark-Parkplatz „Dreiseetal“, Dorf-Erbach* |
| *Karten:* | *TF 20-6 „Mittlerer Odenwald“* |
| *Markierungen:* | *E 6 – o. Mark. – ✕ (rot) – L (weiß) – B 1 – ⊥ (gelb) – E 6* |

| Ort | km | Zeit | Höhe | Informationen |
|---|---|---|---|---|
| P Dreiseetal | 0,0 | 0:00 | 250 | i ✆ (06062) 9433 – 0 |
| Römerturm | 6,2 | 2:00 | 540 | KD |
| Römerbad | 1,2 | 0:15 | 525 | KD |
| Eutergrund | 2,2 | 0:30 | 400 | |
| Bullauer Bild | 2,3 | 0:45 | 520 | KD |
| P Dreiseetal | 6,1 | 1:45 | 250 | |
| Gesamtstrecke | 18,0 | 5:15 | | Schwierigkeit: Ausdauer |

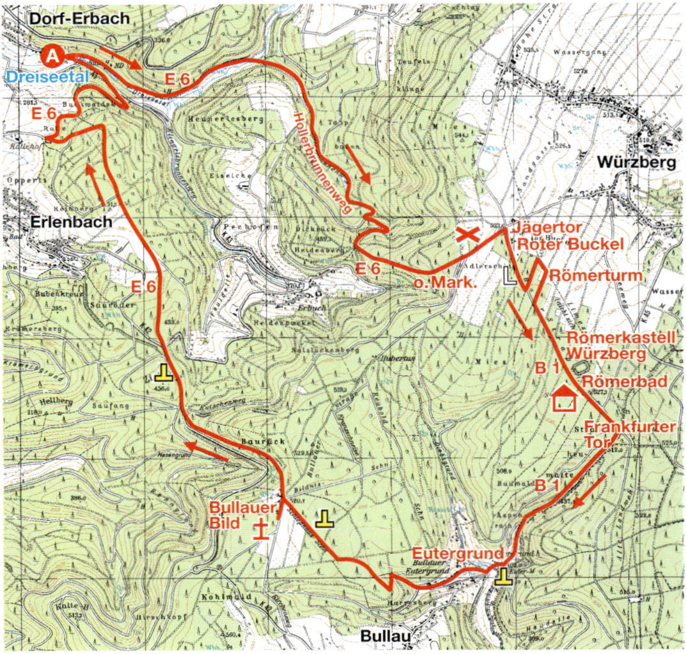

Ausgangspunkt der Wanderung ist der Naturpark-Parkplatz „Dreiseetal" am Ortsausgang von Dorf-Erbach in Richtung Erbuch. Vom Parkplatz laufen wir die Straße ein paar Schritte abwärts und biegen dann im spitzen Winkel rechts ab. Wanderzeichen ist der örtliche Rundweg **E 6**. Der Weg führt an den Seen vorbei das reizvolle Ernsbachtal aufwärts. Nach etwa 20 Minuten verlassen wir das Ernsbachtal, biegen mit unserem Rundweg in ein nicht weniger reizvolles Seitental ein und wandern durch wechselnde Waldbestände den „Hollerbrunnenweg" gemächlich aufwärts. Nach einem einstündigen Anstieg verlassen wir am Waldrand den Rundweg E 6 und gehen ein paar Schritte **ohne Markierung** geradeaus auf den vor uns liegenden Weg zu. Hier treffen wir auf die OWK-Markierung ✕ (rot), der wir geradeaus zum Jagdhaus „Jägertor" folgen. Unmittelbar dahinter kommen wir auf den Limes-Wanderweg „L". Hier biegen wir rechts ab und folgen diesem Wanderzeichen am Waldrand entlang. Bei Waldeintritt biegen wir links ab und erreichen den römischen Wachtturm Wp 10/25 „Roter Buckel". Diese Turmstelle wurde erst 1975 freigelegt und restauriert. Mit den gefundenen Originalsteinen konnten die Fundamente des 5,40 x 5,40 m großen Steinturms mehrere Steinlagen hochgezogen werden.

Der Limes-Wanderweg führt wieder zurück auf die Forststraße und auf dieser entlang zum Kastell Würzberg und dem 1981 restaurierten Römerbad.

Das Kastell Würzberg wurde früher auch „Hainhaus" oder „Hainhäusel" genannt, trug also die gleiche Bezeichnung wie das Kastell bei Vielbrunn (siehe Seite 124). Diese Bezeichnung deutet auf Felsanhäufungen hin und
19 ist für uns ein Hinweis, dass noch imposante Ruinen vorhanden gewesen sein mussten. In der Tat galt das Kastell Würzberg als das am besten erhaltene am Odenwaldlimes. Es hatte eine Größe von 74 x 81 m = 0,6 ha und damit etwa die gleichen Maße wie die anderen Numerikastelle am Odenwaldlimes.

1806 ließ Graf Franz zu Erbach-Erbach Untersuchungen am Kastell vornehmen und fast alles vorhandene Steinmaterial in seinen neu angelegten Park bringen, um dort ein Kastelltor aufzubauen. Das restliche Steinmaterial diente ihm für die Errichtung eines Obelisken. Die Abräumarbeiten am Kastell Würzberg erfolgten jedoch nur „oberflächlich" und ließen die Fundamente unberührt. Sie zählen heute zu den am besten erhaltenen am Odenwaldlimes. Der Besucher kann im Gelände noch deutlich die Umwehrung mit Graben erkennen und den Wall rundherum ablaufen. Die Umfassungsmauer hatte eine Stärke von 0,9 m. Der hinter der Wehrmauer aufgeschüttete Wall besaß eine Breite von 5 Metern. Eine genaue Untersuchung der Wehrmauer ließ drei verschiedene Bauphasen erkennen. In der ersten Bauphase um 100 n.Chr. wurde die Wehrmauer als eine Holz-Erde-Mauer erbaut. Auf den Resten dieser Mauer wurden zwei Trockenmauern hochgezogen, die mit Lehm und Holzknüppellagen ausgefüllt wurden. In der dritten Bauphase, etwa gleichzeitig mit der Errichtung der Steintürme, wurde die gesamte Umwehrung aus Stein gebaut. Die drei Tore befanden sich in nordöstlicher, nordwestlicher und südöstlicher Richtung, während sich auf der Rückseite des Kastells eine kleine Pforte befand.

Eindrucksvoller und bekannter als das Kastell ist jedoch das 1981 vom Landesamt für Denkmalpflege Darmstadt restaurierte Kastellbad. Derartige Bäder waren für die Römer unverzichtbarer Bestandteil eines jeden Kastells. Das Badegebäude befand sich außerhalb der Wehrmauern und stand den Legionären täglich in ihrer Freizeit zur Verfügung. Kaltbad, Warmbad, Schwitzraum sowie Fußboden- und Wandheizung gehörten zu den Standards eines jeden Kastellbades und lassen erkennen, welche Bedeutung die Römer der körperlichen Hygiene beimaßen.

Das Kastellbad von Würzberg hat eine Ausdehnung von 16 x 13 Metern. Es musste in zwei Bauabschnitten erstellt worden sein, da zwischen dem Heißluftraum und dem sich anschließenden Kaltbad kein Mauerverbund bestand. Das Badegebäude war in einen Kalt- und einen Warmbadetrakt unterteilt. Während die Kalträume lediglich einen Estrichboden besaßen, befand sich unter den Warmräumen eine Unterbodenheizung. Auf einem einfachen Estrich standen aus Ziegeln gemauerte Pfeiler, die von großen Ziegelplatten abgedeckt waren. Darauf befanden sich mehrere Lagen eines Estrichbodens. Von dem außen an das Sudatorium und das Caldarium angebauten Heizraum wurde Heißluft in diesen Hohlraum geleitet. Von dort wurde diese außerdem in vierkantigen Röhren an den Wänden hochgeleitet, so dass sowohl der Fußboden als auch die Wände beheizt wurden. Der Badevorgang entsprach den unterschiedlichen Räumen des Bades.

**Römerbad**

Von einem möglicherweise hölzernen Umkleideraum – in Würzberg konnte ein solcher nicht nachgewiesen werden – betrat man das Frigidarium, den Kaltbaderaum. Von dort begab man sich in das Sudatorium, den Schwitzraum. Zur Abkühlung durchquerte man das Frigidarium und ging in die Piscina, einem Kaltwasserbecken auf der gegenüberliegenden Seite des Sudatoriums. Diesen Teil des Badens kann man mit der heutigen Sauna vergleichen. Von der Piscina begab man sich dann in das Tripidarium, einem lauwarm beheizten Raum mit einem lauwarmen Badebecken und von dort in das Calidarium, einem warmen Raum mit einem Warmwasserbecken. Auf dem Rückweg wurden die einzelnen Badestationen in umgekehrter Reihenfolge durchlaufen. Das Dach des Badehauses war mit Ziegeln gedeckt, um die Wärme im Gebäude besser speichern zu können. Da das Anheizen des Bades Tage dauerte, wurde die Beheizung das ganze Jahr hindurch aufrecht erhalten.



Nach Besichtigung des Römerbades gehen wir weiter zum Frankfurter Tor. Hier verlassen wir den Limes-Wanderweg und folgen der örtlichen Markierung **B 1** entlang der hessisch-bayerischen Grenze mit sehenswerten Grenzsteinen hinab in den Eutergrund. Wer erstmals diesen Talkessel betritt, wird überrascht sein von der landschaftlichen Idylle des unter Naturschutz stehenden und rundherum von Wäldern eingeschlossenen Talkessels. An einer alten, aber noch bewohnten und betriebenen Sägemühle, stoßen wir auf die OWK-Markierung ⊥ (gelb) und folgen ihr nach rechts durch den Talgrund aufwärts zum *Bullauer Bild*. Am gleichnamigen Gasthof biegen wir im spitzen Winkel links ab und sehen nach etwa 100 Meter rechts im Wald einen der auffälligsten Bildstöcke im Odenwald. Er ist etwa 1,50 m hoch und trägt die Jahreszahl 1561 (alte Schreibweise der 5). Er ist von einer alten, mehrstämmigen Buche so umwachsen, dass sie ihn zu zerdrücken scheint. Nur die Vorderseite schaut noch aus dem Stamm heraus. Das Bullauer Bild steht an einem alten Wallfahrtsweg quer durch den Odenwald zum Heilig-Blut-Altar nach Walldürn. 1330 hatte ein junger Priester während der Messe versehentlich den Altarkelch umgestoßen, worauf sich auf dem Kelchtuch das Christusbild umgeben von elf dornengekrönten Häuptern bildete. Dieses Geschehen wurde 1445 vom Papst als Wunder anerkannt und war der Beginn zahlreicher Wallfahrten, die bis heute andauern. Vier Wochen lang, beginnend am Sonntag nach Pfingsten, wandern mehr als 180 000 Gläubige alljährlich zum Heilig-Blut-Altar nach Walldürn. Der Bildstock zählt zu den ältesten im Odenwald. Das Marienbild mit dem Kind in dem ursprünglich leeren Häuschen ist neueren Datums. Bemerkenswert ist das Jahr der Aufstellung: 1561. Bedenkt man, dass 1544 die Reformation in der Grafschaft Erbach eingeführt wurde, so erscheint die Aufstellung dieses Bildstockes auf ihrem Territorium merkwürdig. Es ist jedoch bekannt, dass in der Grafschaft Erbach keine Eiferer Zeugnisse des alten Glaubens beseitigten. Auch war der Standort des Bildstockes außerhalb bewohnter Gebiete, sodass Missgunst der Nachbarschaft keine Auswirkungen hatte.

**Bullauer Bild**

Der Pilgerstrom nach Walldürn, der rund 100 Jahre vorher durch das Ablassversprechen von Papst Eugen IV. eingesetzt hatte, war durch die Reformation zwar gebremst, aber niemals unterbrochen worden. So erklärt sich, dass Pilger auf ihrem Weg nach Walldürn an einem verschwiegenen Ort ein Zeichen ihrer Verehrung und ihrer Frömmigkeit errichteten.

Vom Bullauer Bild gehen wir wieder zurück auf unseren Wanderweg und folgen diesem hinab nach Erbach. An der Einmündung auf die Straße treffen wir auch wieder auf unseren alten Rundweg **E 6**, der uns an unseren Ausgangspunkt zurückbringt.

# Literaturhinweise


| | |
|---|---|
| Buxbaum, Philipp | Michelstadt in Wort und Bild<br>Börsig-Verlag, Darmstadt |
| Buxbaum, Philipp | Beiträge zur Siedlungs- und Wirtschaftsgeschichte des Odenwaldes<br>Michelstadt 1928 |
| Dascher, Georg | Die Ober-Kainsbacher Friedhofskapelle<br>Reichelsheim 1993 |
| Ehrig, Paul | Wanderungen im Odenwald, Bd. 1<br>Darmstadt 1979 |
| Ehrig, Paul | Wanderungen im Odenwald, Bd. 2<br>Darmstadt 1980 |
| Ehrig, Paul | Wanderungen im Odenwald, Bd. 3<br>Darmstadt 1981 |
| Fischer, Reinhold | Die römische Villa Haselburg<br>Höchst 1994 |
| Heim, Johann | Die Heilig-Kreuz-Kapelle vom Kiliansfloß<br>In „gelurt", 2000 |
| Knapp, Ludwig | Neulechtern – ein wüst gfallener Bauernhof im Odenwald<br>Geschichtsblätter Kreis Bergstraße, Bd. 35, 2002 |
| Kreisausschuss des Odenwaldkreises | Naturdenkmale im Odenwaldkreis<br>Erbach 1995 |
| Kunze, Rainer | Das Beerfurther Schlösschen, eine Kleinburg im Odenwald<br>Schnellertsbericht 2002 |
| Mössinger, Friedrich | Bildstöcke im Odenwald<br>Heppenheim 1962 |
| Reutter, Rolf | Vielbrunn – Die Wasserversorgung eines Odenwälder Dorfes auf der Höhe<br>In „gelurt", 2000 |
| Sattler, Dr. Peter W. | Mossautal und die Johanniter<br>In „gelurt", 1998 |
| Sattler, Dr. Peter W. | Mossau im Wandel<br>750 Jahre Ober- und Unter-Mossau 1253-2003<br>Mossautal 2003 |

| | |
|---|---|
| Schallmayer, Egon | Der Odenwaldlimes<br>Konrad Theiss-Verlag, Stuttgart, 1984 |
| Schwinn, Karl | Reichelsheim im Naturpark Bergstraße-Odenwald<br>Reichelsheim 2000 |
| Steinmetz, Thomas | Die Schenken von Erbach<br>Breuberg – Neustadt 2000 |
| Teubner / Bonin | Kulturdenkmäler in Hessen, Odenwaldkreis<br>Landesamt für Denkmalpflege Hessen,<br>Kassel 1998 |
| Udamy, Dr. R. | Die Einhard-Basilika zu Steinbach im Odenwald<br>Faksimila der Ausgabe von 1885, Lorsch 2000 |
| Wagenknecht, Paul | Der Nutzteilungsvertrag von 1544 zwischen den Erbacher Grafen Georg I., Eberhard II. und Valentin I.<br>In „gelurt" 2003 |
| Winter, Karl-Heinz | Der Schafhof bei Höllerbach<br>In „gelurt" 2003 |